U0904112

DEEP VERTICAL

DEPTH DISCOVERY OF BUSINESS VALUE
IN THE FIELD OF SUBDIVISION

重度垂直

深度挖掘**细分领域**的商业机会

袁俊　张晓艳◎著

机械工业出版社
CHINA MACHINE PRESS

每个人都知道，BAT 已成为中国互联网领域的战略集团。2013—2014 年，由于移动互联网领域的入口流量利器“微信”出现在腾讯序列中，阿里巴巴与百度开始用资本加速形成战略壁垒，与此同时，腾讯也不甘人后。一时间，中国互联网风起云涌，O2O 战火硝烟遍地。

竞争残酷到了这个份儿上，创业者的机会似乎越来越渺茫，唯一的出路似乎就是寻找一方 BAT 尚未染指的世外桃源自立门户。而这种创新自治领地最可能出现在垂直领域，也只可能出现在垂直领域。人类的生活在科学发展过程中逐渐变得更好，而科学改变生活的进度正在于创新者们的不断耕耘和挖掘。本书为读者深入分析了深度挖掘细分领域的商业机会，为处于资本寒冬的创业者们带来一丝温暖的曙光。

图书在版编目（CIP）数据

重度垂直：深度挖掘细分领域的商业机会／袁俊，张晓艳著. —北京：机械工业出版社，2016.6

ISBN 978-7-111-54072-4

Ⅰ.①重… Ⅱ.①袁… ②张… Ⅲ.①零售商业-商业企业管理 Ⅳ.①F713.32

中国版本图书馆 CIP 数据核字（2016）第 140302 号

机械工业出版社（北京市百万庄大街 22 号 邮政编码 100037）

策划编辑：胡嘉兴 郝 静 戴思杨　　责任编辑：胡嘉兴 戴思杨

版式设计：张文贵　　责任校对：舒 莹

责任印制：乔 宇

北京铭成印刷有限公司印刷

2016 年 7 月第 1 版·第 1 次印刷

145mm×210mm·7.25 印张·120 千字

标准书号：ISBN 978-7-111-54072-4

定价：49.00 元

凡购本书，如有缺页、倒页、脱页，由本社发行部调换

电话服务	网络服务
服务咨询热线：（010）88361066	机 工 官 网：www.cmpbook.com
读者购书热线：（010）68326294	机 工 官 博：weibo.com/cmp1952
（010）88379203	教育服务网：www.cmpedu.com
封面无防伪标均为盗版	金 书 网：www.golden-book.com

前言

醉里挑灯看剑

在与出版社的编辑确认本书的写作方向时，是2015年10月，从那一天起，本书的写作任务便沉甸甸地压在笔者心头。这不是一本基于数字营销或者商业模式解析的图书，而是基于战略管理与创新管理两大商业学科的知识体系进行推演的图书。毫无疑问，战略管理是一门相对成熟的学科，而创新管理迄今为止从全球的学术范畴来说都仅处于起步阶段，结合两大领域寻求未来的商业真相，这显然是一项极其艰难的挑战。

2013年9月末，笔者写完《微信营销360度指南》时，完全没有担心过战略预测会失准（事实上，2013年9月封笔时所有针对微信的预测，至少有90%在后续发展中得到了验证。唯一严重背离预测的是，笔者没有想到腾讯会推出一个独立APP“微信读书”，而不是在微信内构建一个一级入口），因为微信是一个有形有质的互联网产品，只要换位到互联网战略布局者角度，笔者并不难做出战略预测，从而形成长文。

2014年5月，笔者写完《移动时代的O2O营销革命》时，同样不需要担心战略预测会有偏差，因为那是一本现在笔者看上去仍觉得尚远远不足的拙著，最低限度地解析了移动时代的O2O策略，对交互、定位、品类这三大策略的核心进行了深入的解析，且这些策略核心，笔者有自信能沿用若干年。

日历翻到2015年10月，本书的目录浓墨重彩地摆在笔者面前，虽然写作前已经有着相应的思考与沉淀，但写作过程中仍然极其艰苦，堪称一场史无前例的征途。

每个人都知道，BAT已成为中国互联网领域的超级战略集团。2013—2014年，由于移动互联网领域的入口级流量利器“微信”出现在腾讯序列中，阿里巴巴与百度开始用资本加速形成战略壁垒，与此同时，腾讯也不甘人后。一时间，中国互联网风起云涌，O2O战火硝烟遍地。严格意义来说，当大众点评与58同城纷纷站队到腾讯体系中，生活服务O2O的战局可以被看作是进入了一个全新的阶段。可谁都没有想到，2015年下半年开始的资本寒冬，以及细分领域的对抗成本压力，使细分行业的“合并”进一步加速到来。

经历了平台战略、社交战略、移动战略三轮洗涤之后的互联网商业竞争残酷，拥有完整战斗序列的BAT能从沼泽中艰苦跋涉而最终突围，那只有十多号人七八条枪的创业团队呢？如果不准备在既成格局的缝隙中谋生，唯一的出路似乎就是寻找一方BAT尚未染指的世外桃源自立门户。而这种创新领地最有可能出现在垂直领域。人类的生活在科学发展过程中逐步变得更好，而科学改变生活的进度正在于创新者们的不断耕耘和挖掘。

谨以此书向勇于创新、励精图治的中国互联网创新者们致敬！

2015年11月

目 录

第 1 章

从 PC 时代到移动互联网时代

1.1 从“平台战略”到“移动战略”

如果将门户时代的“平台战略”定义为在混沌之中梳理出来的延展竞胜法则的话，则Web2.0全力主张的“社交战略”可以被看作是在平台既成局面下的差异竞胜法则，主打方向是平台模式尚为完全覆盖的用户社交需求。上述两次互联网用户大迁移的过程基本奠定中国互联网的大格局，一直到移动时代的来临。

移动互联网并不是什么全新的概念，但是移动互联网真正开始焕发商业价值，却需要追溯到2010年。

移动电话取代寻呼机的技术革命，早在21世纪的最初几年便已经逐步完成，这一革命的结果成就了诺基亚与摩托罗拉。很长时间内，以诺基亚为代表的移动电话成为全世界的通信主流，而很多用户都相信，塞班系统已经把移动通信设备中的操作系统做到了极致，一直到 2007 年乔布斯与苹果推出了 iPhone。iOS 系统的人机交互和用户体验，超过了当时世界上的任何一款操作系统，该趋势直接颠覆了诺基亚，颠覆了摩托罗拉（前者被微软收购，后者则被谷歌收购），也颠覆了另一款顶级移动电话黑莓。iOS 系统帮助苹果全线崛起，而另一科技巨头谷歌也并没有束手待毙，通过加速改造收购来的安卓系统并且开源，谷歌在全球范围的移动设备操作系统市场占有率依旧远远甩开 iOS 不止一个身位。

“技术革命”说起来是轻描淡写的四个字，当真正实现起来却仍然需要漫长的过程。就算强大如苹果或者谷歌等公司，有能力让智能设备变成移动互联网的基石，也要极其耐心地等待智能手机、移动设备的普及阶段完成，整个互联网业界才可能逐步收割胜利的果实和市场红利。很幸运，素来被用户口诛笔伐的中国三大通信运营商为移动互联网的普及做出了不可磨灭的贡献。

移动互联网的普及，至少需要匹配两个基础条件：①智能手机的广泛使用，这令移动互联网有更为广泛的群众基础，进而促成更多移动应用开发者能从中获取商业利益，促进移动应用开发的力度和技术研发投入；②移动互联网接入成本大幅度降低，让群众从“可以连接移动互联网”到“有能力为移动互联网使用的流量买单”。中国的运营商在 2010 年开始大幅采取话费与流量补贴，以及用套餐送 3G 手机的策略，帮助中国同时实现智能手机普及与移动互联网使用率提升。当然，这一历程中，也不能忘记那些山寨手机厂商，基于安卓开放平台的海量山寨手机充斥 3C 卖场，也是中国各个收入阶层都有机会接触移动互联网并且痴迷其中的重要驱动力。

“平台战略”依赖横向产品延展挖掘用户价值，“社交战略”凭借用户与用户交互形成差异需求满足来挖掘用户价值。而“移动战略”则完全不同，这是一场声势浩大的重新定义商业边界之战，是通过商业边界与增长性区间差异重新定义战略格局。

解析“移动战略”的指向焦点并不复杂，归根结底，是移动互联网的普及使用户（消费者）的触网时间向着移动设备端转移，这种转移不仅规模化，而且能直接用数字体现。举例来说，在互联网用户每 100 分钟触网时间中，移动端已经非常稳定地占据了 50% 以上的比例，且在非工作时间段，移动端设备触网（智能手机 + 平板电脑）全面占据压倒性优势；再回望 2015 年第二季度的统计数据，移动购物已经占据到了整体网络购物的 50.8%，这不仅是历史上首次出现单季移动端购物成交超越 PC 端购物成交，还相当明确地暗示出，未来数年内移动购物比例超越60%、70%，乃至于80%都不算天方夜谭。类似可论证的数据或者现象很多，从各个角度都可以发现，相比较必须正坐在一台电脑屏幕前使用键盘+鼠标浏览网站，用户更喜欢无所拘束、随时随地上网。

用户触网时间在移动端的全面井喷，直接给原有互联网战略集团带来巨大的威胁——PC时代，用户通过浏览器上网，大量用户的浏览兴趣习惯被Cookie所记载，对于用户数据的沉淀、整合、分析、应用均在多年商业实践中得到归纳总结；而在移动互联网时代，每一位用户都在智能移动设备上通过一个个垂直APP上网，行为数据分散在各个不同的APP运营商手中，而这群APP运营商又各有各的数据壁垒。这一特质，不仅是PC互联网和移动互联网时代用户操作习惯的重要差异，还直接让巨头集团感觉到，原本在PC端的用户统治力很难在移动端得到理想延展。同理，这也带给大量创业者以及非第一战略集团公司以逆袭的曙光，几乎每一家力图挑战巨头的公司都会做出如下假设：无法对抗巨头集团在PC端的统治力，如果我能占据移动端呢？在用户跨屏触网习惯中，未来是不是可能形成我与巨头战略集团的“划江而治”的格局呢？

且不论这种设想最终能否实现（事实证明，想要实现这种设想相当艰难，以BAT为例，在2014年年底整个移动购物成交比例中，电商巨头阿里巴巴体系的APP仍然占据85.9%，而另一巨头腾讯则凭借旗下的微信，把握着移动端社交入口流量），至少从逻辑上构成了用户迁移后的商业利益重构的客观机会，且这种机会被大量公司所垂涎，并力图抓住这一系列机会颠覆第一集团军并取而代之。

受益于“平台战略”与“社交战略”两个阶段为互联网人沉淀下的商业经验，“移动战略”背后的用户大迁移让更多入局者看到了契机，尽管能屹立到最后收获胜利果实者屈指可数，但依旧有不少公司秉承“移动战略”，在这一轮用户大迁移的机会中掘金。举例来说，“今日头条”APP 从无到有，而今却是能与网易新闻、腾讯新闻等超级门户新闻客户端分庭抗礼的新闻资讯入口。再举例来说，诸如“喜马拉雅 FM”或者“蜻蜓 FM”等电台类应用，也同样是搭乘移动互联网快车道实现了用户的高速增长。

若观察者们把“平台战略”看作是 PC 时代互联网公司竞争的产物，则“社交战略”兼容了各方的利益平衡，与上述两种战略背景截然不同的“移动战略”之争则赤裸裸地将战火烧到了用户每一分钟使用时间的争夺上。在这场惨烈厮杀中，移动端用户触网时间的成长恰到好处地扮演了改变胜负权的杠杆角色。虽然以 BAT 为首的巨头集团凭借资本优势牢牢锁定了数据生态，依旧饰演着食物链最顶端的捕猎者角色，但遭遇到的威胁与狙击却空前巨大，显著的迹象是 BAT 破天荒地使用资本来规模化地解决问题，而在平台争夺战或者社交争夺战中，BAT 似乎并不担心自己独有的入口流量受到挑战。

1.2 从免费到付费

简单地从互联网科技进化历程来看待不同阶段的商业生态，会发现“平台战略”“社交战略”“移动战略”均构建在商业生态变化的基础上。混沌时代，“平台战略”帮助门户网站以横向产品一体化的方式深度挖掘用户商业价值；社媒时代，“社交战略”将“人与产品”的关联维度进化到“人与人”，进而探索出另一条截然不同的流量之路；移动互联网时代，“移动战略”发力点源于商业边界的松动与扩展，决胜之笔在于用户场景、需求和动作的整合。值得标注的是，这三大战略帮助互联网企业从三次用户大迁移过程中谋求到商业利益与市场份额。单纯从用户角度看待互联网科技发展，会切实感受到生活便利、工作提速，可在互联网创新者视线中，“机会”显然更具有前瞻性战略价值。

然而，这条法则似乎正在被改写。

将视线转回到 2010 年，正如上一节所述，那时的中国手机用户正在经历着从塞班操作系统到 iOS 与 Android 操作系统的转化历程。以简单粗暴的理性文字表述该历程会显得极其枯燥，且让笔者通过描述一个极为具象的真实案例来说明问题。

2010 年之前，绝大多数手机用户使用的都是诺基亚手机，长期使用诺基亚手机的用户不妨回忆一下当时的使用体验，我们会发现当时手机的主要用途为语音通话、短信彩信、小说阅读、新闻浏览，当然还有不少用户习惯于使用手机听 MP3 或者看视频。可在 2010 年之前，听 MP3 也好，看视频也罢，几乎全是下载到手机内（那时候，手机设备极其强调的一项参数为 SD 卡的容量）听或者看，没有多少人会在线听音乐或者看视频，人人都想得到，在 2G 或者 2G 以下的带宽条件与带宽资费情况下，听音乐听到破产或者看视频看到破产并不是什么天方夜谭。那么，涉及移动互联网产业结构的问题来了——在 2010 年之前，移动互联网经济的主力营收构架究竟是什么？没错，如果是那段岁月已经从事互联网行业工作的读者，稍稍回想就会脱口而出“增值业务”。何谓“增值业务”？就是每一位手机用户都会定期收到一些短信，告诉用户只要回复“1”或者“2”到类似于“1008378943”之类的号码，就能竞猜体育比赛赢取球星签名的球衣；或者下载某一首歌曲作为彩铃。在这条短信的下方，一般还会说明“每次收费 2 元”。

请千万别小看这“每次收费2元”，这可是三大运营商的巨额收入来源。此类增值业务产品并非运营商出品，而是增值业务提供商与运营商联合出品，前者利用运营商结构提供产品与分成方案，运营商提供海量发送，最终两者就营业收入进行分成。

以2010年为界，中国的移动互联网经济主力收入便是移动增值业务，需要说明的是，增值业务并不局限于上文提到的运营商接口产品增值，移动游戏收费也形成一定的营收。可是，这远远不够，敏锐的观察者会很快发现，2010年之前移动互联网经济结构如此单一的核心原因在于，塞班系统无法提供丰富的商业应用，换句话说，移动设备用户的商业价值远远没有被充分挖掘出来。

2010年，三大运营商的话费套餐与流量补贴使得智能手机用户和3G互联网用户数量迅速进入攀升期。而智能手机用户暴涨意味着用户能在智能手机上进行各种复杂的应用操作，3G互联网用户普及则暗示着用户再也不需要担心上网会导致倾家荡产了。两大因素共同发力，于是，移动互联网迎来了历史上最大的一波产业经济结构性调整。

如图1-1所示，2010年时，中国的增值业务与移动游戏业务比重分别占据产业经济比重的67.5%与23.9%。在随后的数年中，移动购物与移动营销的比重犹如坐上了直升机一样扶摇而上。参照趋势预测，到2017年时，移动购物与移动营销将分别占据移动互联网产业经济比重的46.3%与26.1%，两者共同形成接近四分之三的产业经济格局。形成鲜明对比的是，2010年时，高达67.5%的移动增值业务节节败退，到2017年将仅存13.2%。该报告只不过是数字互联网行业无数优秀报告中的区区一个，谈不上惊心动魄更谈不上触目惊心，背后的真相无非一个结论：手机用户在移动互联网的使用行为正在被培养成型，用户习惯通过移动互联网满足自身需求。

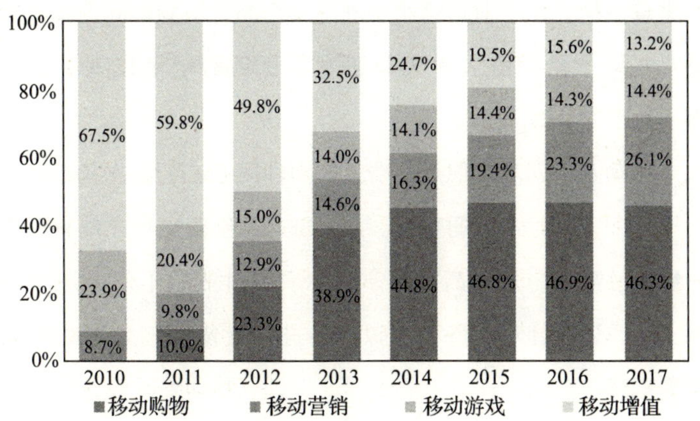

图1-1　2010—2017年中国移动互联网细分行业结构占比

（图片来源：艾瑞咨询集团）

再简明扼要的总结一个关键词——收费！

移动互联网不同于PC互联网，当移动互联网经济呈现出多元化结构趋势时，就意味着用户越来越愿意付费购买某些服务。再具体一些看待现象的话，而今的用户已经把利用手机买机票看作家常便饭；更多用户正在学习将手机作为购物时的支付工具；一些用户已经开始坚信出门不带钱包没有任何问题，但不带手机的话，就是“灭顶之灾”。（事实上，以如今用户手机不离手的高度使用黏性来看，忘记带手机的概率远远低于忘记带钱包的概率。一项针对“90后”的调查表明，四成受访者如果出门后发现没有带手机，宁可放弃约会，也要回家拿手机。用户对这个小小的电子产品钟情到如此地步，移动互联网产业经济边界成长速度不断创造纪录也就不足为奇了）。

移动互联网用户愿意付费，客观体现了三大生态基础：

其一，支付工具的普及。几乎每一位互联网用户都有一个在线支付账号，这种高普及率暗示着支付账号不仅能用于购物支付，还能针对服务和虚拟产品进行支付（例如游戏币充值等）。

其二，支付衔接的共识。每一家企业都希望消费者能利用电子商务购买商品，因而，每一家布局电商业务的企业都强调支付工具与电商购物的无缝衔接，为消费者支付提供便利。

其三，支付习惯的普及。越来越多的商家发现，消费者买单前喜欢问一句“能用支付宝或者微信支付吗”？这说明移动支付习惯正在消费者心目中扎根，而这种消费习惯也将在未来数年内渗透到商户运营领域——将“移动支付”作为商业结算的标准配置。

移动互联网时代，“用户免费”是一句很具有煽动力的口号，但“用户免费”并不是永恒的法则，只会是未来商业生态的路径之一，至少我们应该认知到，用户“愿意免费，也能有付费习惯”，这一现象远比“用户只能接受免费”更为理想。换句话说，商业价值构架将更为立体与多元。

1.3 从无界到划界

每一年深度研究互联网的观察者都清楚知道，十年前或者十五年前的互联网行业处在产业的红利时期，非充分竞争的特性使创业者面临巨大的市场空间，仿佛有着近似于无穷的市场增量。成功者受益于“在正确的时间做正确的事情”，在互联网产业的最佳引爆阶段实现了原始资本的积累。

然而，实现互联网商业价值的核心资源是用户，而用户在互联网领域的商业价值贡献则在于其不同维度的需求被满足，即便在用户触网时间越来越长，且触网细分需求越来越多地被挖掘与被满足的当下，我们仍然需要正视一个残酷的现实：互联网的商业规模存在边界。当互联网用户增速放缓时，当互联网触网时间增速放缓时，所有从业者都应该清晰地认识到：行业的边界增长速度正在面临拐点。互联网创新者需要清楚地知道自己正在进行一场什么样的战斗，这是一场争夺有限用户的战斗，更重要的是，弹药粮草不是无穷无尽的。

换个角度思考，这又是一个极其有趣的现象：当互联网的用户增量开始面临转折点，不再有数不胜数的用户进入互联网市场时，创新者应该如何做？

同样来参照艾瑞咨询集团就中国互联网用户发布的统计报告，如图 1-2 所示，可以明显看出，互联网网民增量从 2013 年的年增长 19.1% 开始逐步下降，预计在 2017 年年底的增幅降为 8.1%；与此同时，移动互联网的网民增幅也同步放缓，从 2010 年与 2011 年的 19% 与 12.3%，逐步下降到 2017 年预测的 7.6%（移动互联网边界放缓，与上文提及的三大运营商从 2010 年全面开启话费补贴与流量套餐补贴政策有关。2010 年与 2011 年是最关键的上升空间，而在之后的数年内，伴随智能手机与移动互联网的普及化，市场不会像启动阶段那般迅猛）。在这里，还需要补充一些平日容易被遗漏的关键信息。其一，中国的智能手机出货量已经走向分水岭，2014

年的出货量比 2013 年的出货量下降超过两成，2015 年的出货量进一步萎缩。该现象折射出现今市场尚存的智能手机出货更多为用户的第二部手机或者是智能手机的更新换代，新增智能手机用户可能仅存于每年从青少年进入成年序列的增量区间，而这部分用户的争夺也已经从高校校园开始，每年新生报到时，三大运营商都不遗余力地在高校校园设立摊位推广其流量套餐以及签约送手机等活动。其二，对于智能手机出货量分水岭这一现象，大家还抱着一种较为乐观的态度。严格来说，中国貌似仍然有基数庞大的智能手机出货量，相当大的构成系出口到不发达地区，例如印度与朝鲜均大量进口中国智能手机。

暂且不论用户增量放缓给互联网经济带来的负面影响，单纯从产业结构进化来说，三五年前遍布华南的山寨智能机厂商就已经纷纷关门停运了。尽管这部分山寨机多建立在安卓开源系统上且运用各种奇葩广告语，我们仍然需要认清一点：山寨机的存在，满足不同层次消费者的差异使用需求，为中国智能手机和移动互联网普及做出了不小的贡献。以“声音洪亮、电池续航能力强、屏幕尺寸大、存储空间大”为核心卖点的山寨机，不仅在很大程度在消弭了品牌溢价，还为中低收入人群接触互联网提供了非凡助力。

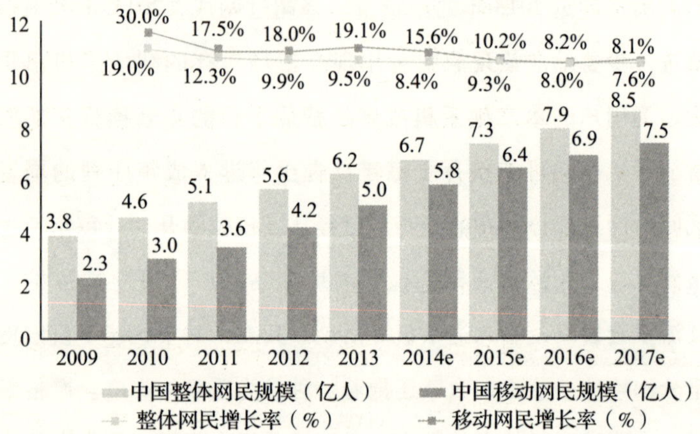

图 1－2　2009—2017 年中国整体网民及移动网民规模

（图片来源：艾瑞咨询集团）

且让我们回到并不乐观的现实吧，对每一位互联网创新者或者准备参与互联网创新的人士来说，真实的互联网环境充斥着刀光剑影，自认为是一个创新的点子，百度一下就发现早已堆满了同行。而投资人也早在千锤百炼中学会了鉴别泡沫，再也不会重复五年前“千团大战”时不计后果地一掷千金的戏码了，对每一分钱的投入都格外谨慎。如果说“无限用户”转化为“有限用户”是外部环境的严酷逼迫，那投资人的谨慎小心，更是给创新者劈面一拳，绝大多数创新者在这一拳袭来时，就会瞬间倒地、一蹶不振。

创业与创新的环境正在剧烈变化着，这种变化呈现在用户、需求和资本等多方面上，但这并不代表创新者的空间被压缩了；相反，商业竞争格局中从来不会同情弱者，但凡是在用户、需求与资本产生系列变化的格局下，势必会催生新的机会，如果创新者无法及时捕捉这种机会并形成商业利益回报的话，就只能说明创新者尚未学会在新环境中的生存之道，简单归因于资本趋势不同毫无意义。

有一点可以肯定的是，产业生态与环境的变化对起步点相同的所有创新者都是公平的，而最终商业结果的不同，与创新的切入点，以及将创新转化为商业成果的路径是否正确有关。这里举一个案例：

宅米针对“90 后”高校学生，是懒人经济下的 O2O 新模式，在超过 800 所高校聘用兼职“楼长”，在宿舍楼内以数量不多的 SKU 备货建立分仓，当学生使用 APP 下单，几分钟后，就会有兼职“楼长”送货上门。这一创新不仅敏锐捕捉到了“90 后”大学生更愿意“宅”在宿舍房间内享受上门服务的需求特质，还成功解决了校内送货距离与服务响应时间的难点。

“宅米”项目是一个移动互联网时代的产物，该项目改变了商业价值的交易场景与交付场景，受到包括美团在内的资本视线的关注。了解“宅米”项目的很多人都感叹“这样都能做得出来，而且还能融到钱?”没错，“宅米”的商业逻辑并不复杂，也从来没有人规定过创新一定是复杂的，相反，所谓创新价值，就是将复杂的事情变得简单，并且寻找到用户愿意为此买单。我们希望“宅米”项目能让创新者们认知到，当我们面临用户数量增量放缓时，总有办法寻找到某些特定人群，满足这部分人群的需求，就仍然有机会形成商业利益。回过头看看“宅米”，切入的是所有商业品牌都垂涎欲滴的高校人群市场（该部分人群市场介于“K12”人群与职场人群之间。与“K12”人群相比，高校人群消费自主性更强，与此同时，他们未来三四年就会进入职场，形成社会消费力的中坚人群），这不就是用简单的方式寻求到了创新者所看好的商业回报了吗?

1.4 从用户到粉丝

先与所有读者分享一个笔者亲身经历过的案例吧，一个传统企业希望将其传统制造加工业务互联网化，形成C2M的商业链条（C指的是消费者，M指的是制造工厂，C2M的模式是彻底去流通环节化，构建起从消费者发起需求到制造商直接满足需求的链条）。应该说，这是一个极具情怀的项目，笔者由于多年担任战略咨询顾问，目睹过很多传统企业所谓“互联网化”只是寄望于互联网拉动电商销售，很少会思考互联网如何作用于运营与供应链，常常会忽略商业价值的核心是产品而非营销。可这个项目截然不同，从立项的第一天起，该项目就有着非常强大的流水线科技支撑，这种科技支撑势必会成就此项目未来的宏观愿景。

然而，即便前景如此被看好的项目，也在面向市场的初期走进了一个笔者完全没有想到的弯路上。当然，这种“弯路”不能简单归咎于营销部门的失责，更接近本质的缘由，不妨认为是传统企业的市场营销部门与互联网营销环境的不匹配所致。笔者受邀进入本项目时，该项目的首轮互联网数字推广业务已经启动，但效果并未达到企业的期望值。

在该项目利用互联网进行推广的初期，核心策略是形成品牌信息的初步沉淀，并且针对 APP 上架做了一些基础工作；此外，还利用社会化媒体做了部分传播工作。但在看到阶段项目总结中的这部分信息，笔者却并不满意。于是，向这家企业的市场部负责人提问，“为何我们所谓的推广，全都是展示类品牌信息？而且展示类品牌信息在互联网上的点击跳转全都通往 APP 下载？”笔者的这个问题，背后的意思在于，当今的数字互联网环境，用户触网呈现出碎片化与社会化趋势，但不可忽略的是，作为一个刚刚问世的 APP，寄望利用广告就达成海量下载，本质上违背了消费者行为决策的根本原则。

消费者对于智能手机内安装什么样的 APP 具有多样化特征，虽说未必有成型的理论，却自有一套通用的评判标准，即高频使用与刚性需求的 APP 的装机量会最大；进一步形成共识的是，这一类 APP 的推广成本也会相对较低（除非面临竞争壁垒，或者同质化竞争严重的情况）。形成对比的是，但凡是低频使用与非刚性需求的 APP，用户从接受到下载，再到下单，需要若干次的信息宣贯与沟通，且宣贯与沟通次数需要视实际情况而定，不能一概而论。那么问题来了，该项目的 APP 恰恰是处于低频触发且非刚性需求的价值区间，而对于此类型 APP 的推广来说，策略中不可或缺的思考就是：流量是否全都通过应用商店下载这条路径实现的？要知道，用户很难在浏览一两次的展示类品牌信息后就产生下载并使用一个低频 APP 的欲望。既然如此，推广策略中就应该科学地考虑这种用户常见行为，应该为用户与品牌之间建立联系提供方案。进一步思考，对品牌来说，不能仅仅考虑用户下载 APP 并且下单，而应该意识到，用户与品牌之间应该存在多个层级的关联，没有下载 APP 的用户同样可以先成为品牌社会化媒体账户的粉丝，然后在未来的持续沟通过程中不断深化价值认知，进而挖掘粉丝价值。

很遗憾，说起来并不复杂的粉丝逻辑在上述项目推广中并未发现，品牌方坚持认为下载量与下单量是初始阶段的核心考核指标，忽视用户价值导向会存在的多元化可能性，在没有得到期望值的同时，还简单粗暴地截断了用户与品牌的社交关联之路。(比如，广告模式以及跳转下载页面模式，给到用户的选择是要么下载 APP 要么关闭页面，忽视了很多用户会先成为粉丝，而后才转化为 APP 使用者的可能性)

笔者用上述案例解析“粉丝经营”的问题，希望引出的思考是，在移动互联网时代，由于用户的选择多样化，使企业商业价值呈现阶梯化的特质，企业需要认识到，比直接成交更为重要的目标应该是获取到属于自己的粉丝；应清晰了解到，粉丝数量意味着可转化贡献利润的基数，关系到后续商业价值挖掘的宽度和深度。如果说十年前的互联网玩法还聚焦于用户维系，寄望于用户与平台提供者快速形成交易关系提供商业利润，那在移动互联网时代的规则则彻底不同，企业应该将粉丝获取、粉丝经营、粉丝深度沟通视为优先级的价值指向，并且在此基础上循序渐进地达成对粉丝价值的摸索与尝试。在商业实战中，仍然存在大量传统企业在微信心灵鸡汤文与商业神话文的熏陶下，无视真实的商业规律，简单粗暴地将“成交”看作数字商业价值的唯一衡量标准，这种短视是很不切实际的。以一则古代寓言来做形容：一个傻子吃了七个包子终于吃饱，随后号啕大哭，路人不解，问其所以然。傻子的回答是：早知道第七个包子能吃饱，为何还要浪费前六个包子？这种说起来很可笑的逻辑在商业实战中依旧存在，仍然有诸多企业陷入抛弃打地基，希望直接能构建摩天大楼的思维盲区；而这种盲区的形成，本质还是由于传统企业在日新月异的互联网科技进程中，处在信息与知识结构不对等的劣势中，在战略判断上造成重大决策失误；而错误的目标或者阶段目标，也将直接导致到企业资源投入与期望回报的错位。企业企图逆转互联网商业规律的无谓尝试将造成人力物力财力的虚耗，更会对企业的战略进度造成重大打击。

涉及构建商业模式进程中的粉丝规模同样有规律可循，请参照两个原则：第一，粉丝的数量与资源投入以及周期长短有关，无法奢望一夜成形，如果在良性的粉丝成长节奏上稳步前行，至少可以把握住粉丝经营的正确脉搏，积累到一定程度就自然会有后续的商业利润贡献；第二，是否致力于粉丝经营与商业创新者的观念和思维相关，是0到1的区别——50与100之间的区别是量的差异，而0与1之间的区别是质的差异，前者在前进道路上通过不断精进可以弥补差距，后者则需要走出创新路线才有机会进行模式升级。

1.5 从无差别盲狙到重度垂直

混沌时代，“平台战略”帮助门户网站以横向产品一体化的方式深度挖掘用户的商业价值；社会化媒体时代，“社交战略”将“人与产品”的关联维度进化到“人与人”，探索出另一条截然不同的流量之路；移动互联网时代，“移动战略”发力点源于商业边界的松动或是扩展，决胜之笔在于对用户场景、需求、动作的整合。值得注意的是，这三大战略帮助互联网企业从三次用户大迁移过程中谋求到了商业利益与市场份额。单纯从用户角度看待互联网科技进展，会切实感受到生活便利、工作提速。可在互联网创新者视线中，“机会”显然更具有前瞻性战略价值。

伴随早早完成的资本积累，以 BAT 为首的战略集团已形成具有碾压性优势的业界控制力，对绝大多数领域均已实现战略级布局，那么创业者还有机会吗？几乎所有的创业者在面对投资者时都会碰到一个极具挑战性的问题：你的这个项目，如果 BAT 也做了，你该怎么办？

让我们来看两个案例吧。

打车软件

打车软件诞生于海外，可在打车软件问世后的短短一年时间内，中国创业者已迎头赶上，最多的时候，中国的打车软件 APP 开发公司接近 40 家。笔者相信绝大多数读者会产生质疑——真的有这么多的打车软件吗？是的，这是真相。但更残酷的真相是，不过两年时间，打车软件中硕果仅存的公司已经跌至个位数，在绝大多数用户心目中，还记得住名字的也不过是“滴滴打车”“快的打车”而已。回顾打车软件的竞争历程，研究者们会发现，而今占据市场大部分份额的“滴滴打车”“快的打车”至少在早期同阶段竞争中，并未领先其他竞争者更多的身位优势，可伴随腾讯、阿里巴巴的资本投入，“滴滴打车”“快的打车”拥有了更强大的用车补贴，逐步占领了市场，而其他多数入局者不得不黯然退场。

e 袋洗

作为传统洗衣行业企业启动的创新项目，e 袋洗为用户提供的是上门取衣、上门送衣，以及极为低廉的洗衣服务价格等服务。该项目的创新之处在于规模化管理诸多洗衣店的剩余产能，并对接用户需求，重新界定洗衣店与洗衣需求用户之间的利益平衡。e 袋洗的模式也不出意料地在业内遭遇了同业竞争者，但 e 袋洗稳稳把握住互联网洗衣领域的头牌，稳健而高效地实现了市场拓展与用户服务质量的提升。

人人快递

成立于中国西南地区的人人快递秉承的是“人人都是快递员”的众包商业思维，每一位使用者都可以利用 APP 发单，也可以利用 APP 抢单，只要快递订单发起者要求送达的时间、地点、路线与抢单者的目的地或者时间节奏吻合，就能由系统速配，构建起即时性的快递服务对接模式。这一模式解决了传统同城快递需要长时间等待上门取件的痛点，利用众包挖掘送件资源，获得了良好的市场反馈。

上述的三个案例，我们可以观察到的现象包括：

（1）垂直需求的挖掘。打车、洗衣、快递服务……均有其需求上的核心特质，例如即时性、便捷性、区域性，这些需求特征的满足使这三个案例或者以这三个案例为代表的垂直创新模式形成高速发展、聚焦发展、差异发展的共性。即便是战略巨头，面对自己并不熟悉的打车行业、洗衣行业、快递服务行业，也最终是以资本合作方式挺进，而非简单复制、参与竞争。

（2）需求标准的把控。互联网科技存在于“线上”，在寄望利用互联网对用户需求进行满足时，同样需要考虑标准化问题，打车、洗衣、快递均为标准化难度不是很高的创新。以打车为例，“用户发布用车需求——出租车驾驶员响应——车到接客——送客服务——下车结算”，这一系列的服务环节的标准化难度不高，绝大多数驾驶员在简单学习实践后都能掌握；取件，送件，同样标准化服务难度不高；而“洗衣”服务中最具有技术含量的“洗衣”环节，仍然有工业化程度较高的洗衣店完成，人工实现的不过是标准化难度很低的“取衣”和“送衣”环节。简而言之，标准化实现的难度将很大程度决定商业结果。

（3）变现前景的注重。回顾打车、洗衣或者快递服务的项目本身，我们会发现其商业模式完全不复杂。或者如此定义：该商业模式并不属于极难复制的类型，其满足用户的刚性需求，用户为之买单，进而将“流量 + 变现”的问题简单化为“流量”问题。换句话说，这些模式似乎并不像传统意义上的创新那样需要漫长的摸索过程，而是直接进入“流量 = 变现”的快车道。

（4）竞争压力的考量。打车、洗衣、快递服务——在上述三个创新模式问世之前，都处在与互联网连接程度非常低的水平，用户“打车”基本依赖呼叫中心，“洗衣”基本依赖洗衣店，“快递服务”基本依赖快递公司，这就意味着创新切入时机，另外本行业内是否有聚集上游客流的公司存在非常重要。从某种意义上来说，正因为出租车公司的低效，传统洗衣店的小规模作坊式运作，多数快递公司的信息化程度较低，才会令互联网创新的早期进程不担心发生变数，能更从容地完成天使用户积累和商业模式论证。

（5）告别信息，走向功能。之前，互联网能提供给用户多为信息，包括新闻资讯、社交信息、商品信息等，而上述的三大案例本质上都是为用户提供“功能”。在这里，“功能”可以被视为是一种线下的服务，让用户在获取信息的同时，也能获取到信息之外的商业价值。

所以，重度垂直战略的年代特征呼之欲出——针对尚未连接互联网的行业，利用并不复杂的商业模式将“流量”与“变现”的环节最大限度地联结，在巨头尚未意识到商业机会之前加速圈地，形成独有的竞争壁垒。至于随后究竟是利用融资还是通过自有资金积累来满足投资者利益，此乃后话。

2015 年 3 月，李克强总理在十八大政府工作报告中，将“互联网 +”提升到国家级战略高度。4 个月后，国务院颁布关于积极推进“互联网 +”行动的指导意见，明确“互联网 +”将成为中国未来经济的可持续增长点，并且鼓励更多企业与行业运用互联网。在这样的宏观经济形势和政策支持下，注重聚焦与深耕效应的重度垂直战略将更具生命力和商业潜力，能为创新者在巨头环伺的互联网领域开辟全新的天地。

第 2 章

全面认识重度垂直战略

2.1 定义重度垂直

“垂直”这个词汇，在互联网领域并不算什么新概念，早在综合门户网站蓬勃发展阶段便有“垂直门户”这一说法。不同于综合门户网站基于全方位资讯产品横向铺开的架构，“垂直门户”主要致力于垂直人群、垂直需求、垂直行业，在该“垂直”范畴内提供产品。最初的门户网站均基于内容采编形成用户资讯满足用户需求，而“垂直门户”存在的价值在于其规避了综合门户“高大全”的形象，一门心思钻进某个垂直领域力求深耕。不难想象，“综合门户”力求全面而广泛的资讯采编机制，无论在资源投入还是专业程度上，与垂直门户专注于某一垂直领域的机制均有较大差异。因而在短短数年内，立足于不同垂直领域的“垂直门户”风生水起，其特征是专注且仅专注于垂直领域，使该领域内的资讯、观点、数据等产品均比综合门户更为深入透彻，从而获得该垂直领域深度用户的认可。

从那时起，“垂直”似乎就一直是互联网领域的一个特殊定义，但此特殊定义的内涵又相当奇怪，奇怪到迄今为止没有任何权威文献能诠释互联网知识体系中的“垂直”究竟是指什么？但“垂直”这个词一旦被提出，具有互联网从业经验的聆听者的脑海中就会立刻勾勒出“垂直”的含义。回过头看“垂直”在互联网范畴内的延展，抛开上文提及的“垂直门户”，互联网领域还出现过“垂直搜索”“垂直社交”“垂直电商”等概念，对应到产品范畴，依次对应的是搜索引擎（针对特定行业或特定人群需求的搜索结果展示）、社交工具（针对特定行业或特定人群需求的社交关系建立）、电商平台（针对特定产品或特定产品或特定消费者人群需求的电商交易关系）等。

虽然“垂直”在互联网领域内算上是新鲜事物，可在商业探索上却得到了广泛应用，而“垂直”商业价值的探索涉及商业价值的本源。尽管商业领域的创新以及挖掘方式在不断的突破过程中，可从古至今，归根结底一共只有五种核心路径能寻找到商业利益增值的可能性。

第一种：集聚更多的用户。且让我们先来对“市场营销”与“战略”做一个区分，前者是重要业务环节，统称“市场”，负责寻找到精准用户，并通过精准对话获得用户认可；后者则将决定企业何去何从，制定包括产品战略、市场战略、运营战略等在内的多维度核心支撑策略。毫无疑问，中国的商业形态具有本土特色。中国在过去的 100 多年，制造业与贸易流通业的经验积累相对西方发达资本主义国家来说，较为脆弱。但中国在 20 世纪八九十年代进入了经济高速发展期，人民物质生活得到大幅改善，购买力节节攀升，综合国力跃居世界前列，这就形成了一个相对矛盾的现象。一方面，现代商业竞争需要更多知识型企业家的存在；另一方面，中国的传统企业家抓住了八九十年代的诸多机遇，其产业扎根于来料加工的低科技附加值制造业或“渠道为王”的传统贸易流通业，并不具备巨大科技变革来临时的应对能力——在商业环境可见的是，大量企业家简单地把企业的商业价值看作是市场营销部门的职责，认为“卖货”就是商业价值突破的最重要方向，因而忽略商业价值创新的引领作用。

在这样的背景下，大量中国企业改变商业命运的核心通道就是扩大市场份额。我们并不准备在这里评判，只是希望借此来说明：获取到更多用户，的确是商业利益增值的有效方式，这种方式不仅被全球商学领域所认可，也是战略管理的基础出发点。

第二种：获取更多溢价。假设在用户数量大致相同的背景情况下，竞争双方或者多方均在向同一人群输送同质化商品，在这样的局面下，赢取溢价是有效的商业利益增值方式。而这种“溢价”并不能简单地被看作是价格差异，而应该直视本源，认知到这是源于差异化价值输出导致的差异化利益回报。怎样赢取差异化利益回报呢？品牌、服务、工艺，均可成为构成差异化利益输出的有效因素，但显而易见，通过改善工艺来获取差异化利益回报显然是一个有尽头的探索之路，服务亦然（更重要的是，一定规模以上的企业期望通过服务来构建差异化价值输出，但可能面临单位成本递增的窘境，不一定会带来毛利提升），于是，顺风顺水的结果就是出现海量的同质化产品提供商，力图通过“品牌”打造赋予商品更多的溢价空间。

我们无法判断品牌溢价战略的对错，事实上，地球上凭借品牌溢价活得越来越“滋润”的企业有很多，尤其是奢侈品行业。品牌溢价带给消费者的价值递增，令消费者争先恐后地掏出信用卡买单。

在这里，笔者只是想结合第一种路径与第二种路径来说一个并不乐观的现实：市场份额扩展也好，品牌溢价也罢，这并非二选其一的道路，诸多企业采取双线并进策略，很不幸的是，当我们放归原点时会发现，企业把赌注压在了市场营销部门身上，而不是价值本身。

第三种：让同一批消费者，为更多横向商品买单。任何消费者都不是处在真空环境下的生命体，他们具有明显的社会学特征。举例来说，如果是在一二线城市 25 ~ 35 岁、月收入 8000 元以上、大学毕业的女性白领，除了会选择相似的化妆品之外，还会有看电影、阅读、旅行、摆弄花花草草等价值取向相似需求。比如，一家化妆品企业，它有一定数量级具备我们所说上述特点的女性消费人群，完全可以遵循消费者的核心社会学特征，开辟诸如“知性都市女性美妆阅读沙龙”或者“接触自然，回归自我——都市知性女性的原生态美容旅行线”等产品线，进而寻找到消费者在多个产品上贡献商业利润的可能性。

该案例没有什么神秘性可言，事实上，这是战略管理范畴内必然会做的事情——做宽用户贡献商业利润的产品线，达到一定地步就搭建平台，平台达到一定规模就升级为开放生态。万物归宗，商业的本源挖掘远远没有想象中那么复杂，只需真实还原商业竞争过程中的中远程战略，具体套路百变不离其宗。

第四种：消费者生命周期控制。一名消费者在购买某个商品之后，下一次购买会是什么时间？这个问题如果放在快消类企业眼中，可能会是一个月或者两个月，如果放在房地产企业眼中，可能会是 5 年或者 10 年。这并不重要，重要的是，所有企业都清醒认识到吸引消费者购买需要支付一定的市场成本，而这种市场成本的投入并不一定遵循企业希望的规模，更多的是与宏观市场环境以及竞争对抗的激烈程度有关。基于此，对于辛辛苦苦花费市场成本获取到的消费者，为了使其能在第一次下单之后，长时间忠诚于该品牌，并在日后更长的时间内为企业贡献商业利润？很多企业都建立了 CRM 部门（从组织架构角度解析，CRM 部门不算什么颠覆性概念，快消或者耐用消费品领域都极其重视 CRM 体系建立），其职责便是保持消费者在体系内的活力，并且促进消费者在之后的更长时间内多次购买，从而赢得在同等市场竞争成本情况下的更多 CRM 利润回报。

第五种：寻找管道，或互为管道。在本章不止一次提到过，赢得用户认可需要一定体量的市场成本投入，每一个用户的获取都意味着背后市场成本换回的成果。与此同时，企业还清晰地认识到，再精细的工作，仍难逃营销漏斗逻辑的底层规则。换句话说，提升营销漏斗坡度，将帮助企业事半功倍赢得用户。于是，很多企业都会正视已拥有的消费者数据。正如每个人都知道的，有能力购买游艇的消费者，应该也有能力购买百万元级信托产品，每年飞行 150 次以上的商务人群应该是企业高管，也会是售价 40 万 ~ 70 万元的车辆的潜在购买人群。在这样的逻辑指引下，企业通过自身消费者与其他存在价值交集的企业消费者进行交互，形成双向或者多向的消费者价值挖掘满足需求。（这一套路，本质与市场领域的获取用户毫无区别，只是因为存在互为管道的评估过程，将营销漏斗的坡度进行改良，令用户更精准，从而降低用户获取成本。而该套路，在业务面经常被称为“换量”。）

尽管本书聚焦于“重度垂直”的商业创新概念研究，但笔者仍然不得不花费篇幅先从战略角度梳理商业价值挖掘路径，梳理这部分信息的目的是使读者了解到，“重度垂直”并不是简单依赖于上述的任何一条路径，而是一项同时兼容五大路径的整合之路。读到这里，请千万不要激动，“重度垂直”符合五大路径的整合思维，而这种“整合”也谈不上是“重度垂直”的专利。应该说，在 20 世纪 90 年代初期的发达国家财团的战略探索过程中，这种“整合”早就被循序渐进地摸索渐进，是企业寻求发展的必经道路。

终于，我们可以有机会来定义一下“重度垂直”了。“重度垂直”指的是在垂直行业、人群、需求等方向的商业价值探索全过程。这一过程包括界定、挖掘、试错、扩展等全商业探索的各个环节。不能简单理解为“垂直商业”，“重度垂直”更具有深度挖掘与过程控制的特质。

虽然笔者并不认为这种定义一定具有权威性且毫无争议，但事实上，定义“重度垂直”有点像一个大理石雕像——在艺术家眼中是线条美感、史学家眼中是风云沧桑、在化学家眼中是分子方程式，仅此而已，没有对错，只是为形成一种感性可遵循探讨的表述，以便于在后续的探讨过程中方向的一致，不至于南辕北辙，仅此而已。

2.2 支撑重度垂直战略的基础要素

既然用“战略”这个沉甸甸的名词来命名，那么“重度垂直”势必会需要一些基础要素来支撑，这是所有符合“战略”特质的意识形态底层逻辑。真正有价值的战略理论必然是符合四大步骤：第一步，如何分析环境与背景是否适合实施该战略？第二步，如何分解战略挑战以形成可匹配战略解决的方向？第三步，如何利用战略针对问题提供解决方案？第四步，战略能否有效延展至解决方案或是落地解决方式的全路径？

带着这样的评判标准来审视“重度垂直战略”，各种疑问就会明了很多。

第一步，分析重度垂直战略在哪些环境与背景下适合实施。

任何方法论都应该在实施之前有明确的评估标准，确认方法论的适用范围，尤其是战略方法论，明确解决问题的核心指向，“重度垂直战略”也不例外。“重度垂直战略”针对的是细分垂直行业的实施战略，在此基础上，首先需要分析与审视的是该垂直行业是否存在刚性痛点，以及改造这部分刚性痛点是否会产生商业价值？如果有人愿意为此商业价值买单的话，买单者究竟是消费者还是第三方？

明确地表述“痛点”，可能是一个词或者一连串词。举例来说，某些行业的消费者无从了解行业的信息，却有着迫切想要解读行业信息的欲望，这一痛点直接催生的就是“垂直资讯门户”。进而需要探讨的是，“垂直资讯门户”如果吸引了用户关注力度之后，用户是否愿意为阅读资讯支付阅读费用？如果用户不愿意支付阅读费用的话，广告主愿意付费吗？请千万别觉得用户付费是不可思议的事情，事实上，已经有越来越多的用户愿意为优质内容付费。与此同时，请千万别错以为广告主为资讯门户支付广告费是天经地义的逻辑，在商业实战中，尤其在 B2B 行业中，行业资讯关注者未必就是采购决策者，完全可能是行业产品使用者，前者指的是企业采购部门员工，而后者指的是流水生产线操作人员。在这一基础上，创新者需要严谨地思考布局资讯门户业务，内容究竟是偏向行业采购资讯还是产品使用技能等资讯？这将直接关系到资讯平台的商业定位以及产品结构。

抛开刚性痛点背后的需求，创新者势必还需要解析行业背景和行业特征，以及行业的趋势是什么样的？呈现出何种特征？行业内是否已经有了解决此问题的商业模式？如果有的话，雷同的商业模式的解决之道是什么？这种解决之道是否奏效？如果奏效的话，创新者是否应该模仿？市场容量与商业阶段还有可扩展的空间吗？如果不奏效，那不奏效的原因是什么？现有的创新思考是否与不奏效的创新尝试存在同样的“死穴”？

第二步，如何分解战略挑战以形成可匹配战略解决的方向？

“刚性痛点”是一个极其模糊的词，“刚性痛点”背后的需求才是商业价值挖掘的真实方向，而当“需求”这个词汇摆在创新者面前时，需要思考的是该需求究竟由哪些关键方向组成？或者进一步来解析，如果通过几个关键方向分别解决不同的问题，该需求是否就得到了满足？这种战略任务分解方式的推演将有助于寻找到真实的创新模式。

此处用一个非常有趣的拟案例来说明问题。所有用户都有“消费决策”的需求，这种需求在前端的呈现通常表现为消费者在某些消费决策过程中缺失信息，这种信息可以分解为提供商品的企业信息、第三方评价的评测信息、其他消费者体验的分享信息。如果把“针对某个特殊消费品领域的信息缺失，寻求垂直领域创新”作为一个研究课题，那么绝大多数创新者联想到会是一个聚合了企业品牌信息、第三方评测信息、消费者体验信息的信息平台。于是问题出现了，聚合信息平台究竟是不是完整地解决了需求？

回答是否定的。

当创新者试图用信息聚合平台解决消费者决策信息缺失的痛点时，忽略了消费者决策信息获取后的真实需求。应进一步推演，在消费者决策之前，获取消费决策信息的目的究竟是什么。没有任何一个消费者会在没有购买目标与购买计划之前就漫无目的地寻找信息，消费者寻找信息的真实需求是寻找到合适的购买通道并完成购买。既然如此，建立一个消费者决策信息聚合平台的同时，会造成消费者需要在信息聚合品牌与电商平台之间往返跳转的多余动作，既然如此，为何不直接成立一个具有品牌、评测、口碑的聚合平台，同步利用平台聚合流量的基础，衍生出平台上的产品交易关系呢？

上述案例并不绝对，所谓的寻求“战略方向”与“战略目标”的分解密切相关，从上述案例来看，笔者举出的例子不具备绝对的参考意义。我们可以换一个角度思考，假设电商交易关系被设立在平台上，那么解决的痛点就不会再是“决策信息不足”，而应该是“在决策信息充分情况下的便捷购物”。

可能有的读者会感觉“信息聚合”与“信息聚合后的便捷购物”看上去并没有什么区别？这是一种错觉，从互联网创新角度与解决方案角度来看，两者的战略选择优先级以及基础架构存在很大不同，对于成本与产出的财务测算也有着天壤之别。

第三步，如何利用战略，针对问题提供解决方案？

战略的制定具有针对性，而任何一个问题的分解都意味着战略方案的优先级差异。在互联网领域，最常见的战略难点在于：① 如何获取到用户；② 获取到用户后如何变现；③ 如果获取流量并且变现，如何培养用户忠诚度；④ 构建竞争壁垒。

上述四点是战略制定部门的常见难点。需要重点标注的是，战略的制定需要考虑到战略过程的资源优先级，需要考虑到过程中的阶段性投入产出和目标制定，需要考虑到战略的独特性和不可复制性。与此同时，更为重要的是，很多战略进行到此阶段，常常需要推倒并进入到重新布局的阶段。因为很多战略制定者到这一阶段才会惊觉：“制定何种战略”是一个问题，而回答“为何这种战略能在本企业进行”又是另一个问题。

该矛盾点在于，即便推演出解决痛点的战略解决方案，企业依旧需要正视自身实现战略基础能力。举一个案例，几乎是每个人都会想得到的，无人驾驶汽车是未来的科技趋势，能解决驾驶安全、驾驶时间分配、场景商业价值挖掘等诸多行业痛点，但问题在于几乎不会有创新者敢拍胸脯说自己准备做无人驾驶汽车技术。汽车技术本身就需要至少亿美元级的研发投入，而涉及无人驾驶汽车的研发，就更需要不惜血本的投入。迄今为止，在全球范围，无汽车产业背景而敢挑战无人驾驶汽车制造的互联网巨头寥寥无几，更不是十几号人七八杆枪的创业团队。

笔者以无人驾驶汽车作为案例是一个较为极端的案例，走出这个案例回到其他垂直行业，创新者仍然面临这个问题：用 PPT 制作一份商业创新战略只是案牍工作，接着如何保障这套战略能落地转化为商业结果才是关键。这个问题远远比写创新战略更为重要。致力于垂直领域战略创新的思考者需要极其严肃地自我回答：为何我和我的团队会比其他团队更适合解决这个问题？我们有什么独特之处是其他团队不具备的？我们有什么资源能保障在我们最脆弱的商业初期是安全的且能可持续获取到阶段性成果的？如果这一系列问题无法回答，“战略”也只不过是一个“PPT”而已。

第四步，战略能否有效延展至解决方案到落地解决方式的全路径？

提及“重度垂直战略”，笔者就不得不提一个衍生词——“过程控制”。“重度垂直”与“垂直”的区隔在于“重度”，而“重度”的潜台词不同于泛义垂直，而是需要在垂直切入点以外给出更为深度和更为有效的解决之道。

2.3 重度垂直战略的六大竞争优势

“门户时代”一度“统治”过中国的互联网流量入口，但从发展历程与商业阶段来解读，综合门户的发展成熟阶段较垂直门户更早，呈现出如此现象的根本原因在于差异化战略与聚焦化战略布局的必然性。在某个蓝海市场的最初阶段，首先被圈入领地的一定是泛义市场，当泛义市场形成核心战略集团并构建起防御壁垒时，后入者会更为理性地选择差异化细分市场，并且聚焦有限资源以获取到回报最大化。类似的发展趋势在互联网的不同商业方向均呈现出统一的验证结果，当搜索引擎中出现核心战略集团时，垂直搜索便会应运而生；当社交业务中出现核心战略集团时，垂直社交便会顺势问世。

在不同的互联网商业竞争阶段，宏观与微观的竞争层面同样会构成战略制定的重要考量因素。当泛义的垂直领域被互联网化到一定层级，进一步被挖掘的势必是更强调深耕的

“重度垂直战略”。需要标注的是，“重度垂直”符合一些特质：

其一，不会简单满足于解决资讯问题，更多会聚焦于满足资讯之外的深层次需求。以新闻资讯信息、第三方评测信息、消费者评测信息的三大基础资讯构建商业模式，是基于图文产品的互联网科技阶段常见的手段。而互联网科技始终都在高速发展中，而今的互联网能满足更多资讯之外的需求。举例来说，中国市场份额最大的打车应用“滴滴”和“快的”，本质上是连接了打车需求与车辆运营服务资源，其商业模式的本质系供需关系对接，并且在商业模式构建的过程中实现了闭环交易。从这个案例可以清晰地观察到，“资讯”这种信息的传递只是互联网科技的最底层交互，基于信息传递后续的交易关系正在满足深层次的需求，并且广泛被认可。

其二，不会满足于“群雄逐鹿”——垂直市场的规模百分之百小于无差别的泛义市场规模（互联网泛义市场规模本身就由无数的垂直市场规模累积而成）。既然是在有限规模的垂直市场中寻求商业利益，就容不下数百个企业切割商业利益，惨烈竞争的背后会存在倒闭风潮，通常最多只有前 5 名企业可以幸免。在前文提及的打车 APP 市场就是一个具有代表性的案例。中国互联网市场上最初的打车软件问世时，一共有不少于 37 个团队在开发打车 APP 产品，力图赢得胜利。最终，获取到更强资本支援的滴滴打车与快的打车笑到了最后。一模一样的竞争也发生在2010—2012年的“千团大战”，6200家团购网站角逐，幸存者屈指可数。

其三，不会满足于先流量后变现。如果说互联网1.0时代和2.0时代秉承的商业思路是先做流量，再逐步摸索流量变现的方法的话，那么移动互联网时代的重度垂直战略强调的就是在勾勒商业模式的初期，如何使形成商业收入的思路更为清晰，且这种“商业收入”不再局限于数字广告，更多将聚焦于用户付费或者流量分成模式。仍然用一个案例来解释该趋势。“阿姨帮”致力于解决移动互联网时代的家政服务问题，利用APP寻找周边匹配条件的家政服务阿姨，随后使其为用户提供家政服务。这种家政服务的范围包括居家保姆、照顾老人、带孩子、保洁、洗衣服与做饭……观察者很清晰地发现，“阿姨帮”项目从问世第一天开始，就清晰地勾勒出了未来与家政服务提供者之间进行收入分成的痕迹。类似现象也出现在“易到用车”，作为专车服务的APP，在提供专车服务的同时，与专车驾驶员就收入进行分成是出发点，后续伴随自有车队建立（为应对运管部门的涉嫌无运营资质调查而自建车队），自营专车服务收入也成为重要支撑点。从那一刻起，“分成收入+服务收入”就构成了主营业务收入。

从具备鲜明特征的“重度垂直战略”上观察，不难发现，尽管此战略寻求差异化市场且能聚焦资源还力图解决垂直行业深度问题并寻求商业价值的回报，具有相当强大的竞争力。对比泛义互联网市场的商业模式，重度垂直战略拥有六大竞争优势，能保障创新者商业利益的顺利获得。

（1）规避后发劣势。战略管理领域，有一个词汇叫“先发优势”。但在战略管理的商业理念中，从来不会去界定“先发优势”或者“先发劣势”的优先级，因为“先发”和“后发”本无高下之分，无非是在准确的时间节点做应该做的事情而已。先发拥有更强大的构建壁垒能力，但同样可能需要支付更多的试错成本；后发错失了杀入某一个市场的最早时机，但能够规避很多前者碰到过的创新陷阱。“重度垂直战略”的实施，说明创新者已经避开了泛义竞争市场，不再尝试与成型的战略集团掰手腕，而更注重于寻找适合自己商业基础的路径，以及寻找垂直领域实现商业价值的可能性。

（2）范围与精准边界。杀入泛义市场分一杯羹可能需要的资源量是 20 亿货币单位（无论是人民币还是美元），聚焦在垂直市场（人群、需求、行业等）将有助于创新者更科学地界定自己的商业价值实现范围。需要理性地认识到，互联网商业时代 99% 的创新者并不具备数千万元的创业资本，即便拥有一笔数十万元的种子轮或者数百万元的天使轮资金，仍然远远不够撬动泛义市场。重度垂直战略将从确立创新战略目标的角度，帮助创新者清晰认知到商业价值范围，有效降低资源消耗与战略偏差。

（3）壁垒性价比。在商业实战中，垂直领域的竞争同样残酷且不存在侥幸生存的可能性，但需要清醒地认识到，垂直领域的防御壁垒一旦成型，其防御能力会更为强大；用户惯性一旦在垂直领域中被培养成为习惯，忠诚度与使用习惯将为壁垒构建者提供事半功倍的保护效果。不妨如此定义，垂直领域的壁垒构建成本未必低于泛义市场，可垂直领域的壁垒一旦被搭建起来，被击破的难度就会更大，竞争对手需要支付更为高昂的成本才可能扭转现有局面。

（4）用户生命周期。垂直领域的用户形成稳定的使用习惯后，“退出”行为也会形成一定的壁垒，多数用户并不愿意背离自己的使用习惯。如果“重度垂直战略”的创新包括垂直社交关系的话，那么多数用户会更具有依赖性（除非该垂直兴趣社交是伪需求）。在此基础上，用户在重度垂直生态内的活跃周期也会相对较长，尽管这种“活跃”并不简单等同于“触发频次”或者“交互频次”。

（5）纵向一体化。所有的“重度垂直战略”战略布局都会从某一个环节或者某几个连贯环节的过程入手，先从该环节或过程开始与用户发生交互，进而开始在环节上下游或者过程上下游延展，从而达到纵向一体化控制的“重度垂直”

商业目标，也能同步达到“重度垂直”商业价值最大化。

（6）上下游入口控制。我们无法在一本书中囊括所有的垂直行业的分析，可我们能清晰了解到，无论哪个环节构建的过程控制，前后向一体化的延展，最终的边界碰壁点，将接触到上下游（上游为客户，下游为供应商）。无论流量存在于上下游中的哪一端，都意味着重度垂直战略进入到了更为强大的竞争阶段，即通过上游流量或者下游资源量，均可从容构建全新的事业线，谋求垂直领域之外的平行事业线。

2.4 重度垂直生态的未来

此处先简单解析一下“产品”“平台”“生态”的区别。“产品”指的是利用互联网科技、满足用户或商户的需求或欲望的虚拟信息或功能的集合。这个定义看上去拗口，但身处互联网领域的读者读几遍，便自然能了然于胸。“平台”指的是多产品平行架构，用户能以一个账户实现全平台、全产品线的行为；“生态”指的是在平台上进一步上下游延展，以开放的姿态欢迎上下游资源依规地进入到体系内，借助流量的多种变现组合方式，形成内循环的立体化数字矩阵来满足需求。

既然我们提出了“重度垂直 + 生态”的组合概念，自然是因为重度垂直生态化将是一种未来的趋势。但值得肯定的是，生态化永远不会成为所有“重度垂直”领域的通用方式。或者说，在一些“重度垂直”领域内，生态化会是互联网科技探索的指向；而在另外一些领域中，则可能只是蜻蜓点水，连“重度”都不能贯通，谈何生态化？

仍然将视线移回“产品”“平台”与“生态”的区别上来。显而易见，“产品”帮助用户实现一些垂直领域的需求满足。在“产品”范畴内，最大限度地满足用户在垂直领域的诉求，通过深耕需求，形成用户黏性，获取商业利益回报，系重度垂直战略坚持的原则。随后呢？当垂直需求被解决并且挖掘到一定深度后，也许会面临一种无法规避的选择：究竟是无限制地深挖垂直需求？还是针对之前基于垂直需求获取到的用户做更多关联需求研究，寻求多产品搭台唱戏的“平台”？应该说，很多创新企业在商业历程中并不一定会清晰地认识到自己正面临此选择，也未必会官方立项进行一次市场研究，可在实战过程中、某一次会议中，新的平行产品战略被提出并明确多产品平行发展的中期规划是一种常态。判断“继续深挖垂直需求”或“多产品平行战略”（本质上走向多产品平行战略，已经开始走向平台雏形），最根本的原则在于成本边际拐点的到来。如每一位企业高管都知晓的那样，任何一个商业组织的首要目标都是保障可持续经营前提下的商业利益最大化，并保障股东的回报，所以企业管理者断然不会一条道走到底，一旦发现深耕成本与深耕后的利益回报出现放缓趋势，就会意识到成本和价值拐点即将到来。此时此刻，选择继续深耕会面临风险。一则“垂直”有界，人群也好，需求也罢，终有范围，越临近边界时，成本产出越可能呈现反常迹象。举例来说，一盘芝麻打翻在地，用扫帚和簸箕将散了一地的芝麻打扫起来，保洁者会发现，最初几扫帚就能将绝大多数芝麻都收进簸箕，可到了最后，对于零散的一些芝麻，扫帚已起不到什么作用了，常常需要用更多的扫地动作才能扫起剩余的芝麻；而到了最后几颗芝麻，甚至于不得不使用手指。这个生活常识案例中，芝麻犹如需要征服的市场规模，扫帚犹如常态化商业策略，企业就是保洁员，最后临近终点的任务需要花费的精力属于高投入、低产出。将“扫芝麻”这个案例映射到实际商业进程中，企业高管们了解到边界拐点即将来临，就需要做出谨慎选择，是继续启动数倍成本继续深耕？还是基于用户社会化特征内的关联需求，启动一项全新的产品研发计划，以便为企业提供可持续发展的动力。

上述从“产品”到“产品 +”的进程，在企业运营历程中会被重复数次，基于同质化用户关联需求的产品数量一旦达到一定规模，再低调的企业都会开始布局，将所有产品串联，进而构建起服务垂直人群关联需求的“垂直平台”，开启

“产品”到“平台”的巨大转变。在这里，需要补充两点信息：其一，从“垂直产品”到“垂直平台”的进化路径通常是一个过程，该过程可能需要数年甚至更长时间，而非一蹴而就；其二，从“垂直产品”到“垂直平台”的进化方向与“重度垂直”的深耕做法并不矛盾，仍按需要将产品视为第一位，而重视产品是实现商业价值的基础手段；其三，“垂直平台”承载的平行产品通常是同类或同质化人群基于某个垂直方向的关联需求，否则，基于关联需求发起的平行产品布局极难形成数据价值的叠加。

就像一根撬杠，能撬动用户需求并且带来经济回报，“平台”的价值在于联合了若干根撬杆，互为支点，让平行产品变得有序、有层次、有结构，而且互补。“平台”成型之后，一定阶段内能帮助企业进入全新的阶段，使流量持续增长、用户价值结构化升级，企业会发现，无论团队如何努力，用户需求都不可能被无限制地满足，这不是企业或者团队的过错，而是当企业进行多产品线同步探索时，不同的方向必然会存在不同的速度与精准度的现象。强大如谷歌的互联网巨头，每年也都会启动若干产品线，并在评估后关闭一些产品线。换句话说，企业不可能每一次都押对赌注（绝大多数企业的成功，在于押对了创业初期最关键的几次赌注，在实现资本原始积累后拥有抗风险能力），结构性的决策成败率很快会促使企业决策者思考：如何能帮助既有资源优势最大限度被发挥出来？如何又能大规模地降低试错成本？

应运而生的是“平台”的升级版“平台 +”，也就是经常被互联网业界人员挂在嘴边的“生态”。

触及“生态”的边缘，意味着垂直领域的创新，已走过“产品”和“平台”的阶段，愿意开放部分接口，允许垂直领域的其他企业利用这些接口或者接入服务，或者接入用户。走到这一阶段，“垂直生态”早就是一个乱花迷人眼的商业幌子了，“垂直生态”背后的野心是制定垂直领域行业标准。可能有读者会问，制定垂直领域行业标准有什么价值？“标准”通常掌握在裁判手里，如果“标准”由运动员制定，就等于裁判和运动员的角色合二为一了，试问还有谁能与手握行业标准制定权的运动员对抗？

“重度垂直”一旦走到“生态”层级，商业的统治力超乎现象，且这种统治力形成的壁垒，并不容易被轻易击破。接踵而来的问题势必会放在研究者的面前：什么情况下，“重度垂直”才可能达到“生态”层级？笔者与很多商业学者和行业专家就此问题进行过多次深入探讨。什么情况下“重度垂直生态”会变成现实？基础在于“重度垂直产品”这第一步。犹如百丈高楼平地起，“生态”的前一环节是“平台”，而“平台”的前一环节是“产品”，产品在垂直领域的深耕阶段积累起来的用户，将成为“平台化”和“生态化”提供关键性的评估和判断标准。可以肯定的是，并非所有垂直领域都有机会触及“生态”的高度，最终可以实现“生态化”的常常发生在一些具有规模化商业利益、用户强需求、存在不可替代解决方案的垂直领域，形成对比的是规模化以下商业、用户非强需求，存在可替代解决方案的垂直领域，催生“垂直生态”的概率就会低得多。

第 3 章

构建重度垂直战略的四部曲

3.1 定位有限用户群体

就像第 1 章和第 2 章所提及的，移动互联网时代的用户不可能再呈现爆发式增长了，而在互联网存量用户中，高中频商业应用几乎都已经被开发殆尽，创新者寻找蓝海商业空间的难度越来越大。创新路径已经走到尽头了吗？显然不是。但如何在有限用户群体中找到商业创新机会？这才是所有人关心的话题。

在这里，先澄清一个关于“用户”的错误观念。在“传统”互联网观念中，用户泛指使用网站服务的访问者，而不包含该访问者的年龄、性别、地域、受教育程度等信息。在此概念中，我们可以了解到“用户”是作为访问者规模的计量单位，这种概念起源于门户时代，概念的出现是因为门户网站的价值基于用户数量和流量大小。“用户”是谁？“浏览数”是多少？（User 和 Pageview）这两个问题成为广告主最为关心的问题，也是门户网站最常用的量化评估指标。将“用户”作为商业价值计量单位的方式并不科学，或者说，在移动互联网时代的商业进程中，该方式显得落后。

对门户网站而言，访问者 = 用户，而用户访问量 = 广告曝光次数，因而用户数量可以被认为是广告营收的非现金等价衡量标准（可核算单位用户的利润贡献），可在移动互联网领域呢？理论上来说，参照 PC 时代的衡量方式，仍然能评估用户价值，问题在于移动互联网时代的用户为运营者带来的营收架构化价值更为复杂，远远不止广告范畴。用一个案例来说明问题。打车软件表面上的营收是通过每一位用户触发叫车的行为产生，公司随后与驾驶员进行收入分成。可在商业逻辑的背后，至少还包括两个大类的营收：其一，开机广告，每一次打开打车软件，首屏都会有广告信息，这部分信息能为打车软件带来广告收入；其二，营销活动收入，经常会发现打车类应用联合其他品牌一起做促销活动，打车即可赢取某品牌的某产品或者优惠券之类，这一类的“收入”并不固定，需要视合作双方的利益出发点而定，但一定程度上也能为运营者形成收入可能性。于是，艰难的问题摆在了运营者面前，在主营的分成收入既定的情况下，如何帮助非主营收入实现利润最大化？如果非主营收入实现利润最大化（譬如开机广告频次过高或者营销活动频次或方式太过不理想），是否会影响用户体验？是否会对主营业务收入产生负面影响？这些问题并不是简单的是非题，相反，是需要不断通过运营测试来寻找到平衡点。不妨如此认定，运营者并未绝对将主营业务看作第一生命，在获取到平衡点的最佳利益的情况下，运营者不会介意调节多种收入的结构化比例。

正因移动互联网时代用户价值出现结构性变化，所以才在垂直领域寻求创新，创新者将迎来广告之外的春天，当结构性用户价值突显时，如何能找到最接近成功的一条路呢？泛用户时代，商业模式的重要手段是定位用户，这是因为任何一位创新者手头的预算都不可能是无限的，精准定位用户将帮助企业在茫茫人海中寻找到最适合的用户，实现商业模式的论证；移动互联网时代，重度垂直商业模式的重要手段仍然是定位用户，可出发点已经截然不同了。正因为重度垂直会聚焦于“垂直行业”“垂直人群”“垂直需求”的三大维度，所以对有限用户进行精准定位已经不是简单的营销成本大小的问题了，而是直接关系到商业模式最初阶段的试错路径能否走通的问题。(同理，走通与否不是“是”或者“非”的二选一命题，即便是优秀的商业模式，在错误的用户定位面前，也可能因为无效而导致“证伪”的错误判断。）

在重度垂直战略的创新实战中，“垂直行业”“垂直人群”“垂直需求”三大核心维度极少有仅走通一条路径便可成就商业宏图的先例。相反的是，多数成功的商业模式寻求的是以三条路径的均衡点作为突破口，既然如此，我们需要进一步对“垂直行业”“垂直人群”“垂直需求”进行界定。“垂直行业”指的是某一个存在商品共性的行业，举例来说，汽车制造业的共同性是科技；体育行业的共同性是体育文化。“垂直人群”指的是目标人群的共性，举例来说，界定“一、二线城市青年白领”的人群包括年龄范围、职场属性、教育属性、地域属性和职场属性。“垂直需求”指的是解决方案的共性，举例来说，家政服务的诉求便是无视人群与行业特征，完整地为家政的需求而界定的维度。回过头来看，基于重度垂直战略，如何对有限的用户进行定位呢？市场手段中，定位用户的策略有基础工作业务套路，这里不再赘述，笔者将从“垂直行业”“垂直人群”“垂直需求”三个方向出发，罗列在传统业务之外的思考方向。

垂直行业

垂直行业的用户数量并不恒定，以商品共性作为垂直行业的边界，也意味着行业的热度会随着消费趋势产生相应的变化。2003 年，中国遭受“非典”的侵袭，全国防疫形势进入到高度戒备状态，在此背景下，口罩行业迎来历史上第二轮爆发期（第一轮是甲肝时代）。观察行业数据的话，会发现除口罩行业外，“非典”侧面帮助中国至少三个行业发展。分别为家用空气净化器、工业用洗衣机和消毒液。空气净化器和消毒液能直接产生消费联想，工业用洗衣机的顺势崛起则是因为大量的酒店和医院，在“非典”期间提升了床上用品和病患使用产品的洗涤消毒标准，具有消毒功能的工业洗衣机市场大热。值得关注的是，这种“热度”并没有在“非典”疫情得到控制后退潮，反而形成了全新的行业标准，令具有高标准消毒能力的工业洗衣机成为诸多行业的标配（工业用洗衣机商品具有耐用消费品特征，使用和替换周期较长，这也是客观因素）。在此案例中，我们能清晰地观察到“垂直行业”人群定位的逻辑——“购买者”未必是“使用者”。仍然对案例中的空气净化器、工业用洗衣机和消毒液进行比较，我们会发现，净化器和消毒液的商业价值挖掘路径与工业用洗衣机的商业价值挖掘路径差异很大。我们并不需要进一步探讨两种商业价值挖掘路径的具体区别，只是希望通过此案例来发现垂直行业人群定位中需要多角度思考的痕迹。

垂直人群

定位目标人群也需要从人群共性上寻找方向。笔者仍然用一个亲身经历的商业实战案例来解析定位垂直人群的问题。2014 年的时候，笔者接到过一个高端品牌特卖会的市场需求，发起需求的企业是一家线上线下同步运营的高端品牌电商 APP，目标是利用互联网帮助线下特卖会获取到更多到场购买的消费者。让我们先从企业的属性进行解析，消费高端品牌电商 APP 商品的人群本身就具有“高消费力”“高教育层次”等隐含标签，市场工作的人群定位，首先就要寻觅符合上述标签的用户。但问题在于，具有这些显性标签的人群并不一定对高端品牌电商特卖的商品具有购买欲望。从定位逻辑来说，该项目找到的仅仅是“具有购买力”的人群，而非“有购买欲望”的人群。在上述项目的后续推进中，笔者建议对用户数字标签的捕捉直接从人群社会化属性标签入手，再升级到行为属性标签，将过去的 3 个月内。在不同电商网站有过奢侈品或与本项目发起 APP 所属高端品牌接触的用户，根据“浏览”“收藏”“订单”等不同行为深度的层级进行差异化沟通，最终将赢得不错的效果。这个案例没有复杂之处，对于具有垂直特性且聚焦垂直人群的商业模式来说，寻找到隐性标签的“需求人群”，远比找到显性标签的“类似人群”更有价值。

垂直需求

如之前章节提及的“垂直需求”案例，以家政服务为例，需求者具有大众化特质，要定位“垂直需求”的有限人群需要从“垂直需求”的特征入手。同样是家政服务，可以细分为保洁、做菜、带孩子、照顾老人等，对于具有一定经济基础但忙于事业的 40 岁中年夫妻来说，对家政服务人员需求极有可能需要经历过中等教育，甚至要有双语能力的人；而对于年龄已经 50 多岁的夫妻来说，考虑到其父母亲已经七八十岁，很可能需要具有照顾老人经验，或者有医护经验的家政服务人员。我们会发现，基于“垂直需求”定位的有限用户，秉承的逻辑仍然是细分“垂直需求”，以及细分“垂直需求”背后的人群特质。从市场业务逻辑定位人群特质和下一步如何对话这部分人群，只是业务工作的策略，真正的难点在于定位人群特质，以及如何设计满足这部分特质需求的商业模式，与之相比，市场工作相对简单。

需要特别说明的是，定位垂直领域人群的工作，在“垂直行业”“垂直人群”“垂直需求”三个方向上会保持并进。也就是说，人群定位的工作并非是“三选一”，而是“三合一”进行，三个方向同步进行，并且互相论证、寻求交集（很多创新者会在“寻求交集”的过程中无法取舍，将原定的垂直创新项目从一个变成两个，乃至于三个。而在商业模式初期，“专注”的意思是拒绝加法，同步做两三个项目对初期创新者而言，几乎是“自掘坟坑”），寻找到最合适的有限人群，为商业创新走出坚实的第一步。

3.2 从用户动机出发构建场景

2014 年岁末，在某中国移动营销盛典揭幕之前，主办方邀约笔者为 2015 年的移动营销寻找一个“热词”，笔者毫不犹豫地给出“场景”二字，在 12 个月前，笔者坚信“场景”会成为 2015 年营销领域最强的驱动力。写作本书时，笔者回顾一年前的预测，发现自己预测的对错各占一半，正确的是“场景”的确成为 2015 年移动营销主旋律，成就诸多优秀的商业传播案例，其中一部分大有机会在未来载入史册；错误的是，笔者仍然低估了“场景”背后蕴含的巨大商业潜力，“场景”根本不是移动营销的“热词”，而应该被升级为移动互联网商业创新的逻辑，是商业模式不断突破的重要动力。

市面上，存在各种不同类型的出版物，从不同角度诠释“场景”的意义以及如何商业化应用，笔者对比后并不完全赞同。所谓“场景”并没有想象中那般神秘，“场景”在商业模式中的影响力之所以节节攀升，原因在于移动互联网背后的用户正不断地在时间和空间的交叉变量中切换，其中一些有趣的变量能构成价值创新的切入点。用冷兵器时代的投石车做一个形象的比喻，“场景”就是投石车的力臂，“需求”则是投石车的石弹，“场景”将决定投掷距离，也就是商业价值空间的宽度与跨度，“需求”则将决定商业价值的深度和厚度——最终获取到的商业价值在于“场景”与“需求”的结合。一个容易被忽视的现象需要注意，投石车的力臂承载力和石弹的重量需要同步协调，一个方面（“场景”或者“需求”）超出另一方面太多，同样会让垂直创新变成悲剧。

“场景”是重度垂直战略的重头戏，是商业价值挖掘的重要手段。用户的“需求”是客观存在的价值切入点，“场景”的捕捉只是为更深入地挖掘商业价值、提升价值挖掘效率、有效缩短价值挖掘路径而衍生出的策略手段。

在构建重度垂直战略时，“场景”的界定包括五个关键因素，分别为“时间”“空间”“触发”“动机”“动作”，分别对应的是“用户在何种时间背景下产生需求?”“用户在何种空间背景下产生需求?”“用户在何因素触发下产生需求?”“用户需求被触发后，希望解决何种问题?”“用户用什么方法解决问题?”只有在五个关键因素的问题均得到重度垂直战略的创新者准确的回答之后，战略才具有执行基础。

时间

2014 年岁末的行业数据显示，互联网用户从移动终端接入互联网的时间长度已经超过 50%，凌驾在 PC 互联网之上。进而言之，移动互联网正帮助用户随时随地联网，且由于移动设备的特性，这种“联网”将呈现出规模化和碎片化并进的状态：一方面，移动触网时间规模暴增；另一方面将规模暴增背后呈现出的是无数碎片时间的拼接。战略构架制定者需要清楚地了解，用户接入场景的时间是多久？是数天一次？还是一天数次？接入场景是在睡觉前？还是等待时？还是其他什么时候？每次接入场景的时间周期是多长呢？是 2 分钟？还是 15 分钟？简单的一个“时间”因素包括的是时间点、时间段、时间频次等组合信息，而组合信息中的任何一个因素都会影响场景构建的最终结果。

空间

用户接入场景的空间背景是什么？中国互联网用户在移动端接入互联网的最常见三大空间背景依次为睡觉前、等待时、在交通工具上。除三大空间背景之外，占据一定的比例还有在电梯上、吃饭时、厕所内等多个空间。而在睡觉前、等待时、交通工具上这三大空间背景下，用户接入场景的优先级诉求又存在极大的差异化。举例来说，有大约三分之一的 3C 商品口碑信息产生在睡觉前的床上空间，而生活服务消费（KTV 或者酒吧）等信息有五分之三产生在餐饮空间。不难想象，将信息在适合的空间特征接入，将直接利于用户在场景因素影响下的行为深入。

触发

用户的需求不会莫名其妙地产生，客观来说，需求永远存在，捕捉需求触发的核心因素将有助于重度垂直战略与用户之间的关系建立。而“触发”可能源于内部自发，也可能由外部唤醒。举例来说，天降暴雨时，出行的用户就会不由自主地想到使用打车类应用寻找专车上门接送；而出差在外的单身男性会想到使用上门洗衣服务 APP。打车类应用和洗衣类应用的触发区别完全来源于不同的内外部方向，类似的触发逻辑存在于大量的场景中，形成需求触发的可能会是场景内，也可能是场景外。

动机

促成用户达成下一步行动的动机是什么？该因素在场景界定过程中暗示的是用户需求。需求可以被解析为解决问题的动力，解决问题的不同手段将达成不同的目标，不同目标的达成同样会有层级深浅、效果优劣、成本高低（用户的动作成本和时间成本）的区别。仍然用生活服务 O2O 领域作为案例，用户的需求是寻求吃饭之后的消遣，这种境况下触发的是后续娱乐消费行为，于是用户坐在餐厅内产生的想法可能是看电影，也可能是卡拉 OK，这两种不同想法暗示着后续动作将有所不同。

动作

用户愿意在场景中使用什么动作来寻求解决方案实现需求满足？作为场景界定，这是一项能引导用户进行下去的关键步骤，也是产品经理苦苦修炼、最终追寻的化繁为简的套路，但凡能让用户一步解决问题，就绝对不让用户用两步；但凡是能用系统解决的问题，就尽可能减小用户介入动作，从而让用户在完整的场景中顺理成章地接受接下来的服务。

设计用户场景包括的是场景内容的全部环节，含上述的五大关键因素，还有对用户行为学与用户心理学的精准把握。某种意义来说，场景不只是移动互联网独有的特质，更逐步成为移动互联网商业价值的全新切入方式，成为可量化的价值计量单位。

3.3 提供极致产品，建立用户强关系

“极致”是一个形容词，在多数人脑海中，“极致”一旦用于互联网，便可以与“工匠精神”“产品情怀”等新生代名词画等号。实则不然，“极致”是一个具有更多内涵的名词，尤其在互联网科技领域，“极致”代表的是“最”，这个“最”能用于硬件、软件，并衍生到产品的每一个环节。

一切的商业价值创新都只能用产品作为出发点，可能是由于中国的商业进展太快，所以多数中国企业家仍然停留在“营销创造商业价值”的误区中。而产品是针对用户需求设计的，通过产品实现商业价值创新的根本标准，在于产品能把复杂的事情变得简单。反之亦然，笔者在各种商业模式评估过程中，见到过居然会有将简单事情变得复杂的所谓“创新”，这明显不符合商业精神的核心。要知道，地球上不会有任何人愿意为复杂的产品买单，这也注定了产品设计人员的核心思想就是“解决问题”而不会是“让问题复杂化”。

很多年的互联网商业实践已经证明，产品越“极致”，形成的用户忠诚度越高、用户黏性越强、用户口碑传播效应越广，而提供“极致”的产品至少需要考虑两个维度的基础策略：

连接

“连接一切尚未被连接的东西”，这是一句颇有知名度的口号。对很多企业家来说，想到互联网的第一反应就是电子商务，随后就联想到“双十一”消费者疯狂购物，联想到很多微信上阅读到的“北大博士辞职卖烤串月入十万”，进一步坚定企业要“连接”互联网的强大信心。然而，这是标准的伪互联网精神。互联网是一种科技，是一种可以改变世界的科技，但不代表互联网科技简单地等同于在网上卖货。如果互联网作用于世界，真的只用于卖货的话，互联网发展就永远不会前进。

人们通过互联网可以做到一些意想不到的事情，比如“双十一”卖出912亿元的商品，比如Facebook准备用无人机为地球上五分之三的地区提供网络覆盖服务。客观地从价值来衡量，912亿元是可以量化的一个数据，是让很多企业不可企及的业绩，但问题是，912亿元只不过在“卖货”而已，就算“双十一”成交万亿元又如何？其本质仍然是在“卖货”。改变人类文明进程的永远是缔造世界上尚未存在的价值，与912亿元相比，看上去还没有商业价值体现的无人机覆盖提供联网，这是不折不扣地在连接更多地域，让更多无网络地区能连接网络，这份价值与“卖货”层级的912亿元相比不知道高出多少。于是，请让我们回顾互联网发展的历史并展望互联网未来，便不难发现越来越多的东西真的能被网络连接起来。如果一定要用一些数据来佐证的话，参照《800 位高管和专家齐发声，这 21 项顶尖物联网技术的引爆点不会超过 2030 年》一文所提及的互联网趋势判断，最早可能会在 2020 年到 2022 年，超过 1 万亿个传感器将连接互联网；而大约会在 2023 年，植入式手机将问世；2024 年左右，3D 打印的肝脏移植将成为现实。上述的三个数据显示，传感器意味着未来所有的物品都会被连接到互联网，植入式手机意味着人与互联网的距离将被降低到零，而 3D 肝脏则意味着人类器官生物科技的史诗性突破。这三个案例分别连接了物品、人和生物科技，这会很大限度地让生活变得不同。

这还意味着非常具有指向性的产品创新方向：未来的世界，一切的一切都会连接进入互联网，那不妨将互联网科技看作未来世界的基础科技，这个前提在得到价值共识的基础前提下，率先去连接还没有被连接的任何垂直领域，都会具有潜在的商业价值。

“连接”是重度垂直战略提供产品的首要原则，从宏观战略角度解析这个问题，但凡是尚未“连接”的垂直领域，均属于蓝海，率先连接蓝海者自然而然会具备先发优势，更容易缔造竞争壁垒。

只要有人的地方，只要存在关系的地方，就有“纠结”，这并不是坏事。相反，正因为“纠结”的存在，通过产品解决“纠结”才会有机会。如果世人对于任何不满意的地方不会存在“纠结”，人类现在可能仍然在刀耕火种的蛮荒时代。当创新者发现某个“纠结”存在却缺失现实生活中的解决方案时，商机就在不知不觉中浮现了，剩下的就是设计产品，让互联网科技产品来消除这种“纠结”。

这里需要引用的例子众所周知，却很少有行业研究者会深度解剖此案例背后的“纠结”，也就是我们常说的痛点。

10 年前，全世界人民最常用的数字沟通方式是短、彩信业务，关于短、彩信在人民生活中的重要程度，看看历年春晚零点钟声敲响前的短信通道堵塞便可见一斑；然而，被所有人忽视的“纠结”存在于短、彩信业务中。首先，短、彩信业务必须用键盘输入图文，在汽车逐步进入人民生活的年代，经常出现边握方向盘边发短彩信的情况；其次，有多少人愿意支付 0.10 元来发送短、彩信？如果有不需要信息费就可传送图文信息的方式，老百姓是否愿意尝试？

腾讯解决“纠结”的利器，是微信。

微信，同时兼容 QQ 社交关系与手机通信录社交关系，用户不需要为 Wi-Fi 连接时候的信息互通支付任何费用，就算使用 3G 或 4G 流量进行微信信息收发，成本也远远低于运营商提供短、彩信业务的费用。

微信不仅是史上第一款移动端入口级流量利器，也很好地诠释了利用产品解决“纠结”的互联网精神。回望微信的成长历程，会发现腾讯恰到好处地利用了 QQ 社交关系，又将语音信息带来的输入便利上升到了产品核心竞争力的层级。

日常生活中，遍布于各种垂直领域、有着无穷无尽的“纠结”有待互联网科技予以解决。对重度垂直战略的实践者来说，深度研究“纠结”能为捕捉商业机会提供良好的切入点。

过程

产品并不是一个页面，而是系列信息与虚拟功能的数字化聚合，此聚合能满足用户的需求——如果寻找到某一利益群体愿意为这种需求付费，商业模式就呼之欲出了。这段话，对所有创新者而言，都值得思考，思考的不是“什么是产品”，而是“为何产品并不是在一个页面”？

用户的需求带有明显的线性指向，可对产品提供者而言，清晰解构用户需求的源点，只是万里长征第一步而已，随后还需要谨慎考虑产品的过程控制深度；或者如此定义，缺失过程控制的产品的商业前景会存在极大的不确定性。形成对比的是，过程控制并非永远做加法，并非控制深度越深越有利于产品存活。真实的重度垂直产品应该符合双重标准：其一，控制整个过程，而非致力于一个环节点；其二，匹配商业价值在过程中的深度，而非无限制拉长过程控制的长度。

接下来，笔者继续用一个案例来解释“过程”。

每个人都知道，处于生活服务信息领域的大众点评网是一个基于用户对生活服务信息点评而成长起来的企业，有着大量的 UGC（用户提供内容）内容。而今，当绝大多数互联网用户在想不出到哪里吃饭或者去哪里唱歌时，都会不约而同地打开大众点评 APP，看看餐厅的评级，再看看其他消费者的评价。作为餐饮、娱乐、文化产业的 UGC 产品，大众点评网经历了很长时间的成长阶段，好容易熬到 2010 年之后移动互联网普及，用户随时随地寻找后续环节消费成为日常习惯后，大众点评网才算拨云见日、迎来春天。敏锐的观察者们如果回味一下大众点评网的产品进化历程，就会立刻感知到，大众点评网最近两年明显提升了“过程控制”深度。以前的大众点评网，UGC 占据绝对主流，用户在选择吃饭或者娱乐消费之前会打开大众点评，看完就自顾自地去吃饭或者看电影了，这就客观上造成大众点评网成了一家只有浏览量却无法大幅度变现的公司。现在，这种局面得到改观，一方面与上述的移动互联网促成用户行为习惯变化相关；另一方面，我们发现该网站在产品上不断强调“过程控制”，而今越来越多的用户习惯在就餐前在大众点评网上查看口碑，顺手买团购券或者消费券，近期更是有在大众点评 APP 上直接买单的功能，让消费者从“需求—查看商户口碑—订位—到店消费—数字结算—发布点评或晒单”等过程上跳转，彻底在 APP 内形成闭环。在此不断努力下，大众点评网的商业进程也日益变得迅猛，收入结构更为多元化，成为 O2O 时代举足轻重的重要公司。

请读者们再进一步联想，大众点评网的产品“过程控制”深度与其商业利益在过程中的深度密切相关。假设大众点评进一步开辟影评功能或者打车功能会有进一步价值吗？衔接餐饮或生活服务消费场景后的打车功能，可能会有商业价值前景，可看完电影的影评功能就未必能提供商业价值，这就可能浪费产品部门的产能而赢得不了预期回报。

3.4 建立体系，重度运营

“建立体系”是最常见的挂在嘴边的口头禅，可建立体系是一个更像指令或愿景的描述，体系考验的不是表面光鲜的包装，考验的而是运营工夫的“精雕细琢”。可能很多创新者会感觉被当头泼了一盆冷水，没错，笔者并没有表达错态度，只有对细节追求到极致的运营者才可能拿出用户满意的结果。(请善于宏观布局的创新者别心灰意冷，正常情况下，合伙人中至少得有一个能将运营钻研透的关键人员。创新考验的不是一个人，而是一个团队的力量，这里谈的仅仅是运营，而一个商业前景的缔造，会包括到市场、运营、产品等多个维度的组合。)

建立体系的目的是匹配“重度运营”的需求，而“重度运营”的目的是深耕垂直领域与构筑防御壁垒。很多了解互联网发展历程的观察者都清楚，与传统企业相比，互联网更“轻”，相比传统制造业所需要的流水线成本，以及传统贸易流通业所需要的海量经销商或终端成本，互联网无论资产还是人员，都很有几分“轻公司”的味道。正如本书反复提及的，而今的互联网基础科技还在萌芽阶段，太多太多基础设施没有被连接，因而互联网科技现阶段的商业前景依旧停留在数字信息和虚拟功能层面。这是一种客观存在的状态，也是互联网发展历程的必经阶段。该阶段的核心特质之一就是，互联网创新无法“重”起来，再说得浅显一些，就是互联网不是力求“轻”，而是根本无“重”可“重”。

重度垂直战略则不同，尽管有理由相信战略切入点仍然会是“轻”导向的互联网模式，但在战略发展过程中，却会更加强调资源控制（与之对比的对立特征是泛互联网领域，更多强调的是对用户市场份额的控制)。要知道，最初切入垂直领域的创新战略几乎全部会致力于连接或者改变连接方式(比如连接业务环节，或者连接上下游)。在这样的背景下，征服前向市场份额无疑是一个必须要做的工作，控制后向供应链更是重中之重。

工业时代在多数行业，供应链实体数量要少于顾客数量。以快消行业为例，中国可能有数千家快消厂商和品牌，但消费者却有十三亿；再以房地产行业为例，中国有大约五亿户家庭，房地产开发商数量却可能只有几万到几十万家。前向市场存在更复杂的战斗局面，而用 B2B 模式连接供应链就变成了竞争的取胜手段；更有诸多重度垂直行业的创新企业，融资的重要用途就是签署供应链的独家授权，以保障资源的独占性，确保在后续竞争格局中拥有更多主动权。

于是，“重度运营”的逻辑呼之欲出，但凡涉及 B2B 模式，都无一例外地会遭遇需求复杂、连接难度大、标准化服务构建成本高等特征。“重度运营”的概念是把非标供应链服务转化为标准服务的运营高难度，换句话说，“重度运营”最具含金量的绝招是玩转后向资源，而不局限于前向市场用户。

玩转“供应链”谈何容易？尤其触目惊心的是各种垂直领域的供应链千差万别，所以说，深耕的是用户需求，可要满足深度用户需求的前提并不是 APP 做得多么华丽细致，而在于怎么让供应链能在互联网科技面前围绕用户需求主导的方向进行良性驱动。

这里继续用打车 APP 作为案例（为何说“继续”？因为重度垂直战略的解析在中国互联网发展过程中根本就是摸石头过河的试错阶段，一些行业已经率先试水成功，而更多行业仍茫然不知所措，打车 APP 恰是在用车服务垂直领域取得成功的杰出代表）。如所有人知晓的那样，滴滴与快的合并后占据中国打车 APP 的具有统治力市场份额，若非国家立法尚无法及时为此创新商业模式提供更为明确的指导规则的话，我们有理由相信打车 APP 会在更多城市生根发芽，从而构成对出租车市场的替代性威胁。

在打车 APP 的垂直领域研究中，研究者会发现，客运服务是一项非常容易标准化的项目，只要是拥有驾驶执照的私家车车主，或者拥有驾驶执照与运营牌照的出租车驾驶员，接到订单后开车到用户指定位置，下车拉开车门让用户上车，关上车门，上车提醒用户有免费饮用水和手机充电线，安全平稳地将乘客载到目的地，下车帮助乘客开门，说再见，回到车上，点击送达，接着等待乘客用 APP 付款。说起来好像有那么十几项工作，化繁为简就一句话：抢单、载客、开车、送客、收钱。这项工作的学习成本非常低廉，且稍稍用心就能做到标准化。正因为此垂直领域服务特质的存在，打车 APP 利用供应链为用户服务的难度才会相应降低。再进一步跳出服务流程来看供应链，对出租车打车 APP 而言，出租车驾驶员是相对聚合的群体（北京上海也就大致数十万张出租车运营证，二线城市的规模更低）；而对专车 APP 来说，专车驾驶员虽然未必有出租车驾驶员那般高的聚合度，吸引加入的难度却不高，这也就是打车 APP 的用户量和业务量缘何会疯狂成长的根本原因：其一，供应链整合难度不算登峰造极；其二，整合供应链转为标准化服务的难度相对较低。

更容易推论出来的是，打车 APP 不惜血本烧钱补贴抢市场份额的背后，是因为通过分成来获取的市场回报完全可以预估。对该模式来说，流量 = 变现，彻底省去了先流量后变现的 PC 互联网烦琐之处。

且回到“重度运营”的话题上来，笔者在引用打车 APP 之前的篇章中提到过，“重度运营”考验的是非标供应链转化为标准服务的高难度。不难想象，这种“高难度”在各个不同的垂直领域势必存在天差地别。这里再将互联网医疗行业作为研究案例，相信很多读者会被“互联网医疗”的商业前景所触动。一点没错，2050 年时候，中国每三个人中间就有一个老年人，就可联想到“互联网医疗”的产业规模何止十万亿？那再探究一个现象，为何现阶段的互联网医疗垂直创新耳闻目睹的基本都是智能血压计或者在线问诊之类？或者停留在智能化程度相对不高的小硬件上，或者就停留在信息聚合阶段，极少有医疗领域的垂直创新能打透医疗系统，实现医疗大数据？该问题的回答与本章节探讨的“重度运营”密切相关，犹如反复强调的“重度运营”考验的是非标准供应链转化为标准服务的高难度。中国医疗领域仍然是公立医院为主，医院与医院之间的数据无共通性可言，且医院内部信息化程度并不太高（如果某些读者看到计算机挂号或者医生用计算机开药就认为这是信息化发达的迹象，那是存在误区的），公立医院的最大特征是计算机内部联网办公，可这种“联网”局限于一家医院内，而医患之间不存在连接，这才是病人到医院每一个窗口都要经历漫长排队过程的根本原因，设想一下，如果病人与医院之间是存在某种数据关联的话，病人应该是看着 APP 上显示的就诊时间直接进入诊疗室（不需要排队挂号），随后看着 APP 显示的时间去拿药（不需要排队拿药），并能在线挂号、在线排队、在线付款、在线获取用药指南……这些是医疗系统信息化后均可解决的问题。

“互联网医疗”垂直创新迄今治标不治本，从重度垂直战略角度解析，只能看作是任何一家具有创新精神的互联网企业都没有办法盘活医院资源。我们有理由相信以后，可能会是五年或十年，上述的情景会成为现实。回到“重度运营”的解析，从案例能读到的结果，是不同行业非标供应链转标准服务的难度截然不同。如果以 100 分作为打分标准，可能整合打车垂直领域的后向资源的难度是 10 分，而整合公立医院的后向资源难度是 99 分。

思考“重度垂直战略”，以用户需求为主导构建商业模式是创新方向，深耕需求寻求价值链深度控制也是商业到一定阶段的必然结果，请千万不要忽视“重度运营”的难度。“真正的敌人，常常是想象之外躲在黑暗中的敌人，而非站在你面前的对手”，这句话在重度垂直战略范围内的诠释会是“真正的难点，常常是想象之外躲在后向供应链的问题，而非站在你面前的用户”。

第 4 章

定位与界定重度垂直市场

4.1 市场定位策略

笔者曾与不同高校的资深教育专家，以及一些商学院的教授，共同针对互联网知识体系与教育的结合趋势进行过若干次探讨，得到的共识是互联网知识体系更新速度太快，且碎片化信息构成绝大多数知识点，却缺少系统性梳理与结构性论证过程，因而最新的互联网知识体系常常无法被传统教育领域所吸收，也形成了如今互联网知识系统传播不足的局面。传统企业家，一方面看多了互联网神话般的案例，会默认为互联网超凡脱俗、无所不能，会默认为企业按照这些案例中描述的方向去发展一定能发财；另一方面常常忽视互联网经济需要强大的知识结构支撑，而这部分恰是传统企业的不足且需要很长时间的补足（包括观念、组织、资源等多个维度的补足）。

笔者之所以会用这段文字作为本节开篇，很大程度上是因为互联网“被”传奇化的现象。笔者亲身在华南听过一次所谓高峰论坛中某位仁兄告诉所有听众，跟着他的营销培训机构走，就能颠覆一切商业，彻底重造商业新秩序。互联网知识体系，是一门发展了不到20年的新兴学科，系统性与结构性论证的确严重缺失，而非系统性传播与非权威性授课的特性又让受众始终处于信息过量、无从沉淀的境地。即便如此，笔者从来不认为互联网领域的商业知识结构已足以撼动传承超过百年的商业学。回到本节需要谈的市场定位策略上来，这是具有110多年历史的市场学中的精髓内容部分，虽说市面上流传的各种所谓“互联网市场定位颠覆”之说，笔者仍然可以肯定的是，互联网市场定位也好，垂直市场定位也罢，从头到尾都处于市场学定位策略范畴内。如果会有流传甚广的“市场定位策略在互联网时代被颠覆改写”之类的言论，那只能说是发言者根本不了解市场定位策略，或者是发言者不具备用市场定位策略解构互联网时代的市场业务的能力。

注意力转回到“市场定位策略”上。何谓“市场定位策略”？较为学术的解释是，市场定位策略是分析市场既有存在的竞争者格局，根据商品的特性，结合消费者的关注点，打造出商品与市场竞争产品的差异化形象并传递给消费者，进而为产品赢得适合的市场位置。简化的概念为："看下市面上，类似的商品有哪些企业在卖，他们分别主打什么商品概念？随后确认一下商品的特性，再看看如何与消费者所关注的特性结合，接着有效地传播给消费者。"这样做到一定频次与资源投入之后，消费者心目中自然会将本商品归到一个位置上。该位置可能包括的是：商品所服务的人群，该人群的社会学术属性，该人群的兴趣特质，本商品的特点，消费者大致会有何目的地购买……诸多信息种类。

市场定位策略发力于重度垂直市场的环节，仍然会停留在"占先定位""关联定位""颠覆定位"三大可延展的主流定位策略方向上（上述三个主流方向在不同文献中表述的名词会有所区别）。源于特劳特的三大定位策略，基础法则即便在互联网或者移动互联网时代依旧会产生指导作用，只是由于涉及"重度垂直战略"的领域特性，才会产生相应的变化，但这绝不代表原有方法论被颠覆了。相反，正因为一直沿用，才证明了"定位"经典思考理论的高价值性。在利用一定篇幅诠释重度垂直战略的"定位策略"之前，先解释一个定位策略的基础出发点："定位"存在于同质化需求产品市场中，尽管不排斥差异化用户需求，但"定位"本身的出发点便是能在同质化竞争中吸引消费者的目光。

占先定位

在市场定位理论中，“占先定位”是针对蓝海市场的最常见定位。正如特劳特大师在定位理论“二元法则”所描述的那样，消费者心目中永远只能容纳两个品牌。对于重度垂直战略的定位来说亦然，需要从用户行为学与消费者心理学角度出发，考虑到用户心目中不会存在超过两个以上的品牌，引用全球最著名行业的定位竞争格局案例，我们会发现，可口可乐与百事可乐就是最合适的对象。我们并不准备用这个案例说明“二元法则”，只是希望用于说明“占先定位”的重要性在于提前占据用户心目中的首要地位。回到可口可乐和百事可乐的案例中，每个人都知道，可口可乐的历史远比百事可乐悠久，但在这两个品牌的竞争格局中，百事可乐在 20 世纪 90 年代的多个阶段打出了极其漂亮的品牌战，获得了年轻化人群的忠诚度捕获并加以维护。请注意笔者的分析角度，笔者并没有准备赞扬百事可乐的营销成功；相反，笔者希望借助此案例来论证可口可乐提前进入消费者视线的重要作用。回望百事可乐从 20 世纪 90 年代起所走的品牌与消费者定位路线，我们看到了一场漂亮的市场份额阻击战。军功章挂在百事可乐胸前闪闪发光的同时，我们无法忽略，可口可乐仍然是“可乐”饮料领域最强大的公司，没有之一。要知道，可口可乐定义了什么是可乐，在消费者心目中的潜在影响力远远高于其市场占有率。

此类案例在商业定位战中数不胜数。视线回到互联网领域，2007 年，中国首家做出“微博”模式的创新者并不是新浪微博，而是“饭否”（“饭否”创始人王兴是互联网创业者的典范，屡战屡败，屡败屡战。而今，王兴执掌的“美团”已当仁不让地成为中国团购产业的龙头企业）。只不过“饭否”在商业阶段尚未走入成熟期，便因为一些国情与内容管控的缘故而被关闭了。新浪微博也在 2007 年启动，虽然最初的助跑速度不如“饭否”，却因为其商业操作水平远高于初创公司“饭否”（2007 年的“饭否”是创业级企业，“新浪微博”尽管刚刚问世，操盘团队却源自新浪门户，拥有成熟的综合门户运作经验的团队），而迅速地利用精英定位与意见领袖组合模式，坐稳了“微博”细分市场头把交椅。腾讯、搜狐、网易、凤凰等后来虽然纷纷跟进，却最终在与新浪微博的较量中败下阵来。竞争结果虽与先手优势密不可分，但新浪微博的“占先定位”却也起到了关键作用。（严格意义上说，关停时，“饭否”的内容、思想深度与用户层级尚在新浪微博之上，但“饭否”当时尚不具备商业基础操作能力，于是在初期便败下阵来了。）众所周知，新浪微博在 IPO 前后，宣布“新浪微博”的品牌直接升级为“微博”，“新浪微博”与

“微博”自此画上了等号。

“占先定位”在重度垂直领域依旧会生效。换句话说，就算是致力于垂直领域价值挖掘，“占先定位”仍然是牢不可破的铁律，而且正因为垂直领域互联网化程度深度存疑，所以提前占据用户心目中的首要位置将起到关键性的决胜作用，且这种决胜作用不仅作用于占据市场份额，还会在防御壁垒方面提供不可磨灭的贡献。

关联定位

任何企业都无法保障自己能“占先”。在商业实战中，最常见的局面是一个蓝海市场一旦被开辟，短短几个月就会看到数以百计的创业者扎堆进入，虽说每一家都在强调自己的产品服务与众不同，有着特殊价值，但事实上，在投资者看来，创新者强调的“不同”更有几分“为赋新词强说愁”的腔调。99%的市场后入者，都提供着同质化产品与同质化服务，虽略有差异，但其差异点或不足以撬动商业价值，或不足以导致用户选择差异化。一言以蔽之：99%的创新者都是自我催眠，并未看清楚创新的定位所在。

创业者是不是清楚“定位”并不是本节讨论的关键，本节需要进一步解构重度垂直战略的“关联定位”策略。对于重度垂直领域市场的后入者而言，进行市场定位将面临两种客观境地：其一，市场内已经存在品牌占先者，这种情况下，做关联定位是一个不错的选择；其二，如果市场内不存在品牌占先者（这种逻辑完全存在，市场内存在竞争者并不代表竞争者已经足够聪明，已经知道如何“占先定位”），那么优先级的定位就仍然是“占先定位”。

“关联定位”的本质是借势定位，以寻求事半功倍的效果；而“关联定位”策略的启动瞬间意味着在市场内既存的对手中，至少已存可借力的定位企业。真正的难点并不在于如何寻找“借力”的占先定位者，而在于如何借力。用一个很有趣味性的案例来说明问题——“不是所有牛奶，都叫特仑苏”——特仑苏的定位异常清晰，一句话就清晰地表明了其与市场上任何一种既存产品的差异。特仑苏究竟是产地？是品牌？还是种类？消费者根本不会清晰地了解，但这个定位已经足够帮助特仑苏矗立在一个与众不同的定位格局中，吸引目标消费者兴趣了解其产品、原料、品质、流程等多方面的信息。

颠覆定位

大部分企业都在梦寐以求导演一场颠覆定位的精彩大戏，但笔者以很负责的态度回答：颠覆定位可遇不可求。解释一下这句话的含义，颠覆创新存在于构想中，一旦真正转化为现实，常常就是商业奇迹。纵观商业史（尤其是在充分竞争环境下的商业环境），任何一个领域的颠覆定位出现的概率均相当低下。这完全符合逻辑，颠覆定位之所以会出现，常常是因为其违背正常的定位逻辑，创造出“四两拨千斤”的反常态商业结果来，而“反常态”的潜台词就是不可规模化。如果“反常态”规模化则意味着显性与非显性出现了不可思议的混淆，而以规律法则来说，这将违背底层规则。

颠覆定位在定位策略中讲求的是以原有领导者产品定位的替代角色出现，这条路线对于重度垂直创新领域的创新者而言，反而可能成为捷径。正如我们反复重申和探讨的那样，垂直领域如果尚未被“连接”，那么尝试“连接”垂直领域的创新者本身就是替代者；而垂直领域如果已经被“连接”却存在“纠结”，那么尝试解决“纠结”的创新者同样代表着替代者。替代威胁是“客户议价威胁”“供应链议价威胁”“同行竞争威胁”“后入者威胁”“替代威胁”这五大基础威胁因素中，最具有颠覆性的代名词。在人类商业历史上，一旦出现替代威胁，常见的结果就是某个既存行业的消失。始于创新价值挖掘的出发点，挖掘重度垂直领域商业价值的目的就是寻求颠覆与突破，因而构成替代的概率远远高于其他任何领域的可能性。于是，对成功率极低的“颠覆定位”而言，这也意味着更多的成功率（尽管这种成功率提升可能只是从1%提升到 3%）。回到“颠覆定位”本身，重度垂直战略的执行者依旧需要自我告诫，“替代威胁”的构建不可能源于纯市场手段，而更多应该源于通过产品实现价值创新，满足用户需求。

4.2 捕捉细分人群

捕捉细分人群，最基础的永远遵循三条法则：其一，寻找目标人群最密集的地方；其二，筛选出核心利益点（价值共性）；其三，进行精细化传播与沟通。对绝大多数创业者来说，除非本身专业就是市场方向，否则经常会陷入“如何捕捉细分人群”这个困境中。这不奇怪，很多创业者在垂直领域挖掘商业价值的根本原因是本身熟悉该领域（换句话说，在该领域有一定的资源）。可一旦进入一定商业阶段，会发现当自己需要更多用户时，就必须面临走出“资源”、走向“方法”的挑战。

用两个真实的案例来诠释“捕捉细分人群”。

第一个真实的案例发生在 2014 年岁末，一位互联网行业内的朋友联系笔者，讨论如何寻找到细分领域消费者的问题。这一位朋友当时服务于一家培训机构，不同于很多培训机构专注于为大型企业打造标准化课程，我这位朋友服务的培训机构主要针对“创业公司”提供课程服务，内容涵盖财务、人力资源、资本管理、项目管理等。总而言之，是帮助创业公司创始人尽快适应创业环境，能学习到经营企业和如何走过初创期的系列课程。纵览该培训机构的主力产品，笔者给予较高的评价，思考商业价值挖掘的方向是否正确性，第一需要回答的是“需求”。当中国创业浪潮席卷每一个角落时，创业团队多如牛毛，且创业团队的素养参差不齐，有价值的创业培训课程的确可能会帮助这些企业绕开一些弯路、降低一些风险，并且寻找到经营企业的正确方法。

然而问题来了，朋友与我坐在一家咖啡店里，问出来的第一个问题就是：“我负责市场工作，我之前有很多年与不同的创业者建立起合作关系，我联系了这些创业者，部分创业者在过去几个月内购买了我们的课程，而且反响很不错，但我并未掌握无穷无尽的资源，我该如何帮助我的公司走向更为广阔的市场？”笔者对这个问题的提出表示深深的遗憾。首先，在笔者看来，用自有人脉资源只是一个阶段性的步骤，如果没有想清楚如何用市场策略解决难点的话，世界上任何一位市场总监都不可能认识一千名顾客、一万名顾客或者十万名顾客，那企业对市场人群的拓展就戛然而止了吗？恰恰相反，市场策略有着标准化的工作路径能解答四个问题：① 目标人群在哪里聚合？② 如何对话目标人群？③ 有没有其他方式帮助目标人群提升购买率？④ 如何持续保证目标人群的拓展（而非一次性行为）？

视线回到案例本身，针对上述四个问题，笔者给出以下的建议：

第一，本项目的目标人群是创业者（或者创业团队核心人员），这些人员会在哪里聚合？显而易见，创客天地、创业孵化器、共享办公室（Share Office）、创业园区、创业辅导基地等处均具有大量的创业者与创业团队。对该培训机构的市场工作来说，通过 BD 策略锁定拓展目标与规划，将有助于建立工作的基础保障体系。

第二，如何对话目标人群？想要售卖创业者课程，“扫楼”或者“电话推销”，是简单且不符合决策习惯的低效率方法，这不仅会浪费工作人员的大量时间，还无法保证自身的品牌得到宣传。对创业培训机构来说，最有效的方式是联合创客天地、创业孵化器、共享办公室、创业园区、创业辅导基地，为其覆盖范围内的创业团队做创业讲座，解析创业者面临的问题，并且讲述方法。这类讲座可以在不同的场所（创客天地、创业孵化器、共享办公室、创业园区、创业辅导基地）上循序进行，可以是每周一场在 A 场地进行，也可以是每周 2 场分别在 C 场地或者 F 场地举办。在讲座结束后，能现场提供课程的预订服务，并给出现场预订折扣。在这一场景下，创业者能切实感觉到课程讲师的魅力，从而购买一系列总价不菲且能帮助创业团队降低试错成本、加速战略进度的课程。至于是否划算，想必所有聆听讲座的创业者心知肚明。

第三，有没有其他方式可以帮助该项目的创业者？当然！对中国经济鼓励望众创业的宏观趋势而言，不同城市的人力资源与社会保障局本身就有支持创业的财政准备，如果该项目所提供的课程具有价值且能直接帮助到众多创业人士，可以直接沟通人力资源与社会保障局对课程进行评估，考虑到可能会引起的积极效应，或许会给创业者一定比例的财政支持。

第四，想让拓展行为变得有持续性。要解决这个问题，培训机构需要对合作伙伴的价值进行重新定位，每一个合作伙伴（创客天地、创业孵化器、共享办公室、创业园区、创业辅导基地）均有园区办公室/物业办公室/园区管理处等管理机构，与此类机构建立长久合作，利用管理机构的长效化工作机制，定期向园区内的企业发布课程，吸引报名，并且愿意将获取到的收入对园区机构进行一定比例的分成奖励，这将有效降低自身拓展成本，提升合作伙伴的积极性。

之所以要陈述该案例，是因为该案例具有代表性。请回归到案例的背景上，案例中的培训机构服务于创业团队，而创业团队（创始人/核心创始团队）属于相对独特的细分人群。即便如此，仍然可以用相对有效的方法在工作路径中寻找到精准定位。

上述案例并不算罕见，如果一定要从上述案例中提炼出与寻常案例的差异点，那便是捕捉细分人群的过程。不同于常规意义的快速消费品或耐用消费品市场规则，尽管如此，其路径仍然可以在商业工作范围内解决细分人群捕捉的难点，谈不上颠覆性创新，却很有效。类似的思路也能在绝大多数重度垂直领域的商业创新过程中帮助创业者捕捉细分人群。

第二个案例发生在 2014 年第二季度，仍然是一位多年从事数字营销业务的朋友上门，和笔者讨论一个第三方支付工具的细分人群捕捉问题。本案例与本节所举的第一个案例截然不同，第一个案例发生在一家商业规模不算太大的培训机构中，而本案例则发起于一家互联网巨头。该互联网巨头隶属于中国互联网第一阵营，在某一细分领域具有极强的统治力，但在第三方支付工具领域处于竞争劣势（所谓劣势也是相对的，只是与其类似商业体量的竞争对手在第三方支付工具用户数量与商业规模远远超过这一家）。2014 年第二季度，这家互联网巨头启动一笔数亿元的预算，计划以每位用户不超过 20 元的成本，获取数千万用户。然而从 2013 年开始，另两家互联网巨头借力出租车打车补贴，早早就展开了支付工具的市场份额争夺战，发起本次业务诉求的这家巨头显然在应对速度上至少迟了大约9个月，且每一位用户20元的获取成本，与另两家动不动就补贴数十元且多次补贴的资金相比，谈不上任何优势。

找我的这位朋友服务于一家数字营销服务商，希望能获取这一项推广业务，但对如何使用20元每用户获取成本去实现数以千万计的用户增量，希望得到笔者的一些建议。笔者获取到上述项目背景信息后，感受几乎是崩溃的（相信很多读者也同样崩溃），这是一个标准的后发劣势竞争格局，且竞争资源处于规模化的劣势。从如此不利的对抗局面出发，杀入到另两家打车业务补贴的乱战，显然是不明智的，唯一的方法便是寻找到一条可加速度的道路，让劣势资源能在有空间的方向上降低损耗、提升资源，赢得的用户数量回报。

笔者给我这位朋友的建议是：三个基础策略支撑点：① 小额支付；② 高频触发；③ 大流量驱动。按照这三个基础策略支撑点，寻找可“借力”的合作伙伴，谋求到“20元”的成本投入情况下的最大回报。几个亿或者几千万用户对很多读者来说不过是一个枯燥的数字，可作为当事人，此项目的挑战难度相当大，“20元”单一用户获取成本对服务商来说，意味着至少三个部分的考虑：其一，其中多少比例用于传播（传播是需要成本的，现在已经没有不要钱的数据流量了）？其二，多少比例作为用户激励（用户凭什么启用这个第三方注册工具?）？其三，还剩下多少能成为服务商的商业利润（服务商必须考虑利润）？很遗憾，根据任何互联网营销传播的常识判断，都会得出结论，“20 元单一用户获取成本”很难同步满足商业结果与服务商需求，必须考量如何寻找到一条不一样的道路。笔者建议的三大基础策略支撑点所秉承的原则是尽可能地降低传播成本，并将有限的用户获取成本全部给到用户作为“开户激励”，在此原则之上，便是得寻找到流量提供方，利用这一份“开户激励”同步为流量提供的合作方和第三方支付工具背后的平台赢得价值。

通过梳理策略很快就提炼出了核心的合作方向：第一，连锁便利店；第二，游戏充值（游戏运营商）；第三，手机充值（通信运营商）；第四，旅行保险（保险公司）。通用的合作方式是，开户激励，作为促销成本。比如，用户在网游充值时会发现，如果利用本项目指定的第三方支付工具账户充值或者购买道具，就能免费获取特殊道具，或者使充值账户获得更多虚拟货币；类似模式同样运用于运营商花费充值补贴中，便利店一些品类商品的购买补贴，以及旅行意外险补贴。小额支付、高频触发、大流量驱动，这三大基础策略支撑点推演出来的四个核心方向，均在本项目补贴中赢得了自己所希望的利益（补贴激励成为用户消费的促销行为之一），而其流量也为本项目需求方获取到了用户。

很遗憾，第二个案例并没有成为现实，笔者的这位朋友在与该网络巨头的后续沟通中并未最终拿下此项目，也很遗憾地让笔者无法观察到策略有效性的实施。但本案例有一些需要标注的信息在此补充：首先，我们发现第三方支付工具的使用人群不具备特别鲜明的人群属性，可我们仍然能感知到利益驱动点作为细分的手段；其次，当资源处于劣势和进度处于劣势的时候，思考的出发点永远是如何将现有资源最大化，而有效的方法就是寻找合作伙伴；再次，细心的读者会发现，第二个案例与第一个案例最大的不同是，前者针对的是重度垂直创新领域的细分人群捕捉，是商业模式探索的组成部分；而后者是一次市场营销业务诉求内的细分人群捕捉，是业务环节的战术打法部分。这才是我们希望诠释的真相：捕捉细分人群，不论作为市场业务环节，还是作为重度垂直商业创新探索，均具有思维上的共性。换句话说，即便是寄望在某一些重度垂直领域获取创新红利，但如果涉及定位、人群、传播业务面的工作，也仍然建议寻找专业的具有市场经验的团队来驾驭，从而帮助结果高效的达成。

4.3 界定垂直需求

提到需求，有一个知名案例需要再一次重复。福特汽车的创始人亨利·福特说过："如果我问我的顾客需要什么，并且按照他们的需要去进一步准备产品之后，会发现，我只会不断尝试培养一批跑得更快的马匹。"这个案例在无数的商学院课程中，尤其是在"项目管理"这一课程中被重点提及，背后的道理是：Want 和 Need 截然不同，真正的需求界定应该是了解"Need"，而非沉迷于表象的"Want"。提及需求，想必诸多读者都会不由自主地联想起马斯洛需求层次理论，将人的需求定义为生理需求、安全需求、社交需求、自尊与他尊需求、自我价值实现需求。马斯洛需求理论在超过半个世纪的应用中反复得到证实，但在越来越多元的商业环境中，需求的对象和范围却面临着变化。

本书希望与读者探讨的是重度垂直创新，而就像之前阐述的那样："重度垂直"指的是在垂直行业、人群、需求等方向的商业价值探索全过程，该过程包括界定、发掘、试错、扩展等全商业探索环节，不同于泛义的"垂直商业"，"重度垂直"更具有深度挖掘与过程控制的特质。正因如此，请让我们首先确立一个观念，“重度垂直”针对的不局限于自然人，还包括组织机构（商业机构、非营利机构、行政组织或者社团组织等），因而，重度垂直需求界定也不局限于人的五大需求层级，还需要考虑到组织机构需求。对组织机构需求来说，作为代表阐述需求的可能是机构自然人，但需求满足的服务对象却是组织级利益。

何谓“需求”？“需求”最直接的体现，就是对某种有能力获取，对能帮助改变现状的产品或服务产生强烈欲望，而无论这种欲望存在于自然人还是组织机构中。进一步对“需求”进行关键要素的定义：①“需求”仅存在于“有能力获取”范围内，换句话说，月收入 1000 元的工薪阶层对 750 万元的豪车也会存在“欲望”，但却不能被定义为“需求”；②“帮助改变现状”的发起点在于“需求方”对未来改善后的状态有潜意识地设定，或者说“需求方”知道被改变后的现状会是何等状况（定性或定量均可，目标可确立），比如人均居住面积 6 平方米的家庭，希望改变现状后的潜意识可能会是人均 25 平方米；③“产品或服务”意味着满足“需求”的模式可以是实体商品，也可以是非商品的服务，更可以是“产品 + 服务”，虽然“需求方”不一定能清晰描述需求的是什么产品或服务，可当能帮助达成现状改变的产品或服务提供时，“需求方”就将愿意为此支付代价；④“欲望”意味着改变现状的主观意愿，而非满足于现状，如果满足于现状或者不满足于却不愿意改变，则“欲望”不足以支撑“需求”的成立。

垂直领域的需求存在着一些相当鲜明的特征：

首先，重度垂直需求，应该具备不可规避性。

需求刚性指的是，需求的迫切程度与解决需求的欲望较为强烈。所有的需求均可利用量化指标呈现刚性程度，而重度垂直需求的刚性更为显性，且更具不可规避性。这种“刚性”的判断标准更在于该需求无法满足时对需求方产生的不便。几乎可以如此定论：不便的程度越高，需求方改变现状的迫切程度便会更为强烈。

其次，重度垂直需求的解决方案，应该具备高度替代性特质。

正因为需求的刚性存在，所以必须正视的是重度垂直创新过程中常常挑战的是既有解决方案，利用更为高效的方式、更为低廉的成本、更为优质的产品或者服务来取代原有方案，这也意味着重度垂直领域满足需求的解决方案具有“替代性”特质，较与原有解决方案之间的领先幅度，与启动替代解决方案的成本之间的平衡追求，决定新的替代解决方案可行性。

举例来说，当消费者在家请客吃饭时，需要花费大量的时间备料、做菜、餐后收拾锅碗瓢盆，而上门厨师服务就成为一种替代解决方案，满足的是消费者家宴便捷化的需求。然而，如果自备家宴的成本是300元每次，而联系餐馆上门厨师的服务成本为1000元每次，那么300元/次与1000元/次之间的巨大成本差距将限制替代解决方案的普及。相反，如果提到解决方案寻求的路径是通过平台让需求消费者与服务提供的厨师直接对接，则上门厨师服务成本可能降低到450元，降低到消费者能接受的程度。

再次，“体验”常常是唤醒垂直需求的必要手段。

“需求”是不可能被发明的，在真实的商业环境中，“需求”可以被发现、可以被挖掘、可以被延展，但“需求”的本质是天生就存在的意识形态，换句话说，对需求界定者而言，出发点是如何寻找到需求，而无论这种需求是显性或隐性。更有趣的是，越隐性的需求越需要更为周密的逻辑来撬动；进而言之，诸多需求方自身也未意识到需求存在，而触发联动因素后的需求才会被同步触发。

正因为隐性需求的大量存在，帮助需求方进入到“体验”环节就显得尤其重要，“体验”一方面能论证需求真伪，另一方面则有助于培养需求方习惯，将“隐性需求”逐步推向“显性需求”。

最后，“现状落差”是加速需求背后商业创新机会成长的最佳切入点。

对重度垂直领域的创新者而言，最有价值的垂直需求常常来自于“现状落差”。进一步展开这个现象，即习惯于更优质现状的需求者常常无法适应“现状落差”。举例来说，一直生活在无独立卫生间住房中的用户，对独立卫生间的欲望远远低于已经拥有独立卫生间的用户，既然如此，可以说独立的界定或者衡量需求并不科学，相反，需求的界定与衡量需要与垂直创新的商业模式结合起来进行，进而言之，界定需求的同时还会界定解决需求的方案成本与可行性等系列因素。界定与衡量需求，主要针对几个层级的关键要素：

第一层级：现状

现状是对基础状态的描述，现状的界定包括了垂直创新计划解决需求的范围，也包括了现状因果的各个环节。每一个环节为何存在？存在的原因是为了满足何种具象化的需求吗？

第二层级：需求

需求是建立在现状背后的真实原因，如第一层级“现状”诊断结果呈现的那样，在现状范围内的每一个环节均为需求的表象，而表象的本质即为需求实质。在此层级，需要解析需求的关联性、真实性、逻辑性以及需求被满足的程度。

第三层级：动机

无论垂直创新需求发起者是个人还是组织机构，常规情况下使用何种动作来满足需求？这种动作通常意味着需求发起者付出什么样的代价？这种代价，对需求发起者来说是否合理？如果进一步降低满足需求的代价，是否能赢得需求发起者的青睐？特别需要说明的是，“代价”并不局限于现金，还包括但不局限于精力、时间与信任。

第四层级：规模

需求规模是多大？对于经验不够丰富的垂直创新者来说，常常容易被规模所迷惑，正因为垂直创新针对的是垂直行业、垂直人群或垂直需求，所以清晰勾勒出范围就显得极其重要。多数情况下，需求规模是一项需要一定量级样本调研才能回答的问题，而非感性预估。曾经有一位踌躇满志的垂直行业创新者与笔者探讨潜水项目——基于社区，发展潜水目的地旅游电商，并且驱动潜水线路、装备，培训等系列销售。笔者高度认可，但笔者同样深深不苟同于创新者所描述的需求规模为“至少 3 亿人群”。这位创新者对需求规模的评估基数在于日本有着高比例的潜水人群，于是推演出人口基数更为庞大的中国即便以同比例计算，需求规模也得有几个亿。但问题是，日本周边环海，公共交通发达，在短途旅行与用户兴趣结合上存在着天生的优势。可中国有着面积广大、路线长远、沿海水质差异性较大等地缘性特征，中国可能进入潜水爱好者群体的规模究竟有多大？这是一个问号。笔者唯一能肯定的是，中国的潜水爱好者可能部分存在于沿海城市，而在非沿海经济发达地区，潜水爱好者的比例就将低到一定程度，毕竟每个季度两三个周末进行潜水旅行的消费力，就既有国民的消费力水平而言，仍然不可能成为大众需求。

造成需求规模被高估的常见原因是一叶障目，很多垂直创新者对发力的垂直领域、人群和需求非常熟悉，但也造成身边信息环境相对封闭。由于周边信息内容、信息来源均有同质化特征时，创新者很容易陷入逻辑盲区，比如，“我身边看到的全都是潜水人群，我的朋友开了一家潜水装备店生意非常好，我每次到菲律宾潜水看到全都是中国人”，于是对规模产生错误估计。

第五层级：原因

什么原因造成需求与现状？是否有过除了现状之外的其他尝试以改变现状？其他创新者之前的尝试是否成功？这部分的原因界定与评估，将帮助实现创新因素的完整性，而不至于疏漏掉关键因素。

第六层级：成本

如果前期研究提出替代解决方案，会需要多大的创新成本投入？这部分创新成本投入后，将帮助现状改善到何种地步？对于改善到一定地步的全新现状，用户（人或者组织机构）是否会愿意付费？如果用户不付费，商业逻辑中是否能寻找到其他的利益合作群体为成本付费？在全新解决方案走向用户的阶段，效应是否能放大？如果放大，需求多少成本？这部分成本是否能在商业规模同步成长的收益中得到覆盖？

界定需求，是一切商业创新的起点。垂直需求界定，更会因为规模切割、环节诊断、成本评估等因素而显得格外慎重，毕竟垂直创新不同于其他创新，创新的领域相对来说更考量知识性与策略性，且更具有挑战力度。

第 5 章

线上线下结合重构用户场景

5.1 数字空间，场景商业化的全新契机

在空间理论中，长宽高构成基础的三维空间，而根据相对论，“长宽高”的空间概念，再加上“时间”这第四个维度，构建起四维空间，然而，伴随互联网科技的日新月异，“数字空间”的概念被提出并且成为商业热点。在“数字空间”理论中，常态化空间保障人的物理生活，而数字化空间则从若干个点（可能是上千或者上万个不同的连接点）连接人类的虚拟生活，当数字化空间的连接数量达到一定量级时，对每一个自然人来说，除了实体生活之外，还存在数字化生活的虚拟意识形态。（关于数字空间的具体描述，请参照北大新闻传播学院院长陈刚先生的学术理论，间接涉及的信息量与学术构架

极其磅礴。)

显然,“数字化空间”概念的提出在很大程度上帮助了未来数字商业科技的发展,进一步看待此趋势与目标,现在的商业阶段可能是致力于连接“人与人”(社交)、“人与商品”(电商)、“人与信息”(搜索)、“人与服务”(生活服务 O2O,社区服务 O2O,旅行服务 O2O 等),这一系列连接最终将在数字化空间中得到升级,并且在未来“人与物品”“人与工具”“人与数据”等商业化进程阶段发力,形成加速与交叉效应;与此同时,请勿忽视“数字化空间”与“常态化”空间形成平行并进的态势,“平行”意味着双向的同速、同向、同频,但存在于差异化的空间维度,从此角度衡量数字化空间的价值,可以简要地联想到,“数字化空间”与“常态化空间”两者间的“镜像”关联,只是在呈现方式上,“常态化空间”以物理形态存在,“数字化空间”则以 1 和 0 为代表的代码存在,两个空间并不孤立,而应该是相互映射与相互作用。

既然提到相互映射与相互作用,我们将回到数字商业的实战角度,伴随着越来越多的需求通过数字产业得到满足,数字化空间正在逐步形成,我们可以定论的是,数字化空间的现今状态绝非完美体,换句话说,数字化空间现今的状态远远无法完整映射常态化空间,但常态化空间的部分元素已经在数字化空间中得以呈现与记录,并且逐步遵循同速、同向、同频的特质，开始在数字化空间中绘制人们的轨迹。与此同时，部分轨迹特质开始从数字化空间发力于常态化空间，比如数字营销的大数据概念就是数字化空间作用力的真实写照。当然，所有的科技都有从启蒙到发展，再到成熟的必然阶段，而今的基础数字科技尚无法保障数字化空间与常态化空间的完全一致，不论是空间内的容纳量、信息量还是关联性、逻辑性。不难预测的是，未来数字化空间的目标（或者愿景）是彻底实现双空间同轨，这种目标（或愿景）达成所需要的时间可能是 10 年、20 年，甚至于更长，而达成的驱动力在于海量常态化空间数字传感器的散布，以及对数据规则的梳理与应用。

特意在前文提及数字化空间，是因为本章讨论的“场景”本质上属于“数字化空间”的核心组成部分，是移动互联网发展到一定阶段的必然产物，更是进一步升级数字产业需求的必经之路。

什么是场景？虽然这是一个在移动互联网时代被重新定义的词，但从迄今为止呈现出的场景诠释内容来看，“场景”可以被理解为“时间与空间交汇情况下，用户因此交汇而产生的特质，且这种特质至少需要满足四个特征：其一，能被量化而非感性描述，而这种量化未必在现今科技水平下已经实现了；其二，能被应用于数字科技，而无论数字科技的进度是获取场景信息、统计场景信息、分析场景信息还是应用场景信息；其三，数字科技对场景特质的应用可以被商业化；其四，该特质的应用，帮助产生场景特质的人群获取更为便捷的需求满足。”

在这里，需要为“场景”背后的“用户”做一些特殊的注解，正如本书提及的“重度垂直”概念，基于“重度垂直”的商业创新，“用户”并不一定是自然人，可能是人，可能是企业，还可能是事业单位、政府职能部门、非营利机构等各种想象得到的商业对象或者商业主体，因而，将对“场景”的解析简单等同于市场学领域的“消费者洞察”显然是片面的。

视线回到本节上述文字重点解释的“数字化空间”概念，“数字化空间”平行于“常态化空间”，因而不妨将“数字化空间”看作是“常态化空间”的虚拟镜像（虽然现在的基础科技尚无法保障完整映射）。不同于“常态化空间”的是，“数字化空间”涵盖的维度几乎是没有穷尽的，可以是用户的行为，可以是用户行为的促因，可以是用户行为产生或者促因产生的环境，更可以是用户行为之后的结果（前提是这系列因素在既有的数字科技水平下已经可以得到感知）。因而，“数字化空间”感知与记录用户映射时，本身就涵盖着“场景”这一因素。

不妨按照此思路的方向进一步审视“场景”在移动互联网时代大放异彩的根本原因。我们与其将“场景”视为“移动化时代”的产物，还不如将“场景”看作一个里程碑。当人们从 PC 互联网进化到“PC + 移动”互联网时，移动互联网这一基础科技的发展，帮助用户的“数字化空间”延展到更多维度，但需要更多思考“场景”的本质而非结果，“场景”的本质是科技进程中诞生的必然结果，伴随基础科技的进一步演化，未来还会有更多维度可以被研究者从“数字化空间”中解析出来。以一个未来科技进程作为案例，至多还需要 5 ~ 8 年的时间，地球上将存在海量的传感器，辨识人的各种状态，而传感器的辨识远不止是将人类的状态上传到云，更会从云实现匹配用户特性的数据下行，将用户的状态变得更为适宜。再举一个例子，在不算遥远的未来科技进程中，米粒大小的植入式芯片将得到实现（但还无法量产），植入式芯片将使人的健康数据、技术水平、情绪状态得以更为精密地记录，这将在“数字化空间”中成为里程碑。

“场景”是科技迭代的必然诞生物，远远不是终点，却可以被看作是突破性的丰碑，因为其突破的不仅是“科技”，更突破了数字商业的思维路径边界。

如果以而今时代的基础科技水平去遥望未来，几乎是没有太多商业价值的，首先，商业创新者不是未来学家，对于未来科技的展望水平以及核心方法论根本没有太多值得称道的领先水平；其次，即便洞察到科技的未来，绝大多数可能性也是洞察者所不具备的借力盈利的可能性，毕竟战略目标需要借助战略基础，而“洞察”能触及的是未来的商业环境，并不等同于洞察者就可以从中获利；最后，科技一旦走入高速发展期，就不会永恒地保持无限的加速度，相反，愿景的实现永远依赖基础科技；或者说，基础科技是愿景达成的根本保障，而“基础科技”的突破难度远远高于应用级科技，这需要在创新层级正视的问题。

5.2 数据生态解析用户场景

“场景”是数字化空间的组成部分，或者说“场景”是数字化空间的组成维度之一，只是该维度在移动互联网快速发展后才被思考与挖掘，核心的价值与商业化应用仍然处在较为初期的阶段。尽管如此，作为数字化空间的构件，场景仍然符合数字化空间的特质，即可以利用数字科技感知、记录与存储、整合/量化与分析，以及进行商业化应用。

从这个角度审视场景，我们会很快发现，“场景”概念从被发现到开始商业化，从头到尾均在数字化进程中可控制。

首先，让我们来审视“感知、记录与存储、整合/量化与分析，以及进行商业化应用”这句话。

感知意味着“场景”不是凭空捏造的，相反，场景的信息是可以被获取且具有规律性的。最常见获取场景信息的可能性有三种，分别为“时间”“地点”“关联”。“时间”指的是“场景”信息最可能触发的时间，举例来说，90% 以上的餐饮外卖需求场景，通常会密集高发在午餐前 30 ~ 60 分钟，第二高发的外卖订餐需求场景则会密集高发在下班后的 60 ~ 90 分钟，前者是办公室午餐时间，后者则是加班晚餐时间。如果要感知这类的场景，可以通过时间刻度来实现。“地点”指的是“场景”信息最可能触发的空间，举例来说，导游服务的需求密集高发在目的地宾馆酒店的客房内，散客化趋势明显的旅行让越来越多旅行者喜欢非旅行者线路的自由行方式；而对自由行的旅行者来说，来到某个陌生城市，仍然会有购买某一条当地旅行线的诉求。比如在古都西安，大量的自由行旅行者会购买当地游线路，用一天时间乘坐当地游巴士完成东线从华清池到兵马俑的游览。而感知用户入住酒店的方式，从前台办理入住手续，一直到酒店电视机的开机广告均可保障较为精准的信息传送。“关联”指的是“场景”信息最可能触发的上游“场景”，举例来说，连锁 KTV 的上游“场景”是几位朋友坐在餐饮店里讨论吃完饭去哪里的“场景”，针对这个场景，Wi-Fi 探针、具有 LBS 功能的定位技术均可实现感知。补充一点，上述的三大场景信息获取的可能性通常为并进模式，而非三选一模式。

记录与存储，显而易见，我们始终强调，数字科技的核心特征之一便是数据可以被记录与存储，对“场景”来说同样遵循此规律。如果缺失“记录与存储”环节，一切针对数据的优化将缺失原始依据。别将“场景”的“记录与存储”看得过于高深莫测，事实上，这仅仅是数字科技的基础配置而已，而且“记录与存储”的功能远不是“场景”的独家，在人类历史的发展过程中，任何经验与技能学习均建立在“记录与存储”的前提下，只是在互联网科技时代，这种“记录与存储”变得更为高效和可靠（人脑的记忆与存储还会因人而异，产生从效率到信息流失的一定差异，但数字科技不同，机器只会按照指令大量记录与存储获取之后的场景数据，数据丢失率尽管依旧存在，效率却仍比人脑可靠得多）。

整合/量化与分析，数据的感知会需要投入成本（无论是传感器获取数据，或其他任何技术软硬件采集数据），数据的记录与存储同样需要成本（无论采取何种存储技术），而形成矛盾恰是因为，数据本身是没有价值的，数据的真正价值在于整合/量化与分析之后的商业化应用。“场景”数据也不例外，即使一家企业囤积数十万个 TB 的数据，如果不对其进行整合/量化与分析的话，数据也只是不折不扣的“字符段堆积”。用一个形象的例子说明“整合/量化与分析”的作用，如果没有一份考虑到建筑学、军事学、力学等多个维度的具体方案，万里长城只是一堆砖头而已，就算是数千万块砖头也不可能阻挡北方蛮族于境外，砖头能成为万里长城的根本原因是建筑师按照一定的组合方式将其变成了防御性军事建筑。“整合/量化与分析”工作的作用可以等同于建筑师的作用，“场景”数据需要通过“整合/量化与分析”才会具有应用性价值。

商业化应用：“场景”数据的商业化应用需要考虑三个不同角度的问题：第一，不能简单认为“场景”数据只要商业化就可以万事大吉，相反，“场景”数据的商业化应用途径会有很多种，寻找到最有价值的商业化应用才是创新者的使命；第二，所有的“场景”数据商业化后，会动态回馈用户接受应用时的相关数据，这些数据能不断帮助人们矫正数据模型，换句话说，“场景”数据的更新是持续性工作，“商业化应用”的探索亦是；第三，商业化应用永远不等于“卖货”，“场景”数据的获取也不仅限于营销场景，全产业价值链的任何环节都可能衍生出“场景”数据以及背后的商业化应用价值。

让我们继续回顾上述文字提及的“感知、记录与存储、整合/量化与分析，以及商业化应用”，在本书的商业研究过程中，将“场景”数据界定为“从头到尾均在数字化进程中可控制”，而上述的“感知、记录与存储、整合/量化与分析，以及商业化应用”定律，本质上与“大数据”毫无区别。

纵观大数据理论和大数据案例，大部分的大数据玩法只有三个步骤（或者三个核心业务环节）：第一，大数据获取与存储；第二，大数据整合分析与应用；第三，大数据商业化应用。对比“场景”数据在数字化生态内的完整路径，研究者会发现与“大数据”如此接近，唯一不同在于，在“场景”数据研究中将“数据获取”单独列为一个环节。这并非研究过程中的界定标准差异，而是经过现实商业环境信息收集与分析后的结果。

“大数据”的主路径默认基础条件为数据获取方式存在于规模化基础科技领域，因而会有三步走的主路径。以PC互联网来说，浏览器的Cookie技术就是基础技术，能帮助了解用户的浏览、兴趣、社交等多个维度的数据。可在移动互联网时代，时间/地点/关联三大基础属性进一步升级，用户会在各种“场景”中产生行为数据以及行为数据背后的逻辑规则，在此趋势下，获取这系列数据的基础科技需求远远落后于数据获取需求，无论是我们上文提及的Wi-Fi探针还是传感器，均处于技术科技早期——因而，对挖掘“场景”数据的创新者而言，需要单独将“数据获取”视为一个独立思考单元进行审视，而这也是“场景”数据应用在数字化生态中得到高速发展的障碍，一旦被攻克，商业前景便一马平川。同样，解决此难点所需求的成本与周期极为漫长，甚至未来解决此难点的不会是个人创新者，更可能是巨头企业，乃至于政府的“智慧城市”工程。但正如每一位创业者都应该清楚的那样，一切进程都会有不同的阶段，在而今这个阶段，“场景”数据的价值探索依旧只是在早期，不可不用，却也很难形成数据化应用。

5.3 以场景为杠杆的创新模式验证

尝试商业创新是寻求全新商业价值的勇敢尝试，但所谓的“颠覆性创新”始终是一个事后归纳性定义，如果较为理性地看待这个问题，那么从有文字记载以来，人类科技历程中所谓“颠覆性创新”的次数不会超过 20 次，每一次都帮助生产力或者产业结构发生了质的飞跃。来到新世纪，科技进步速度与原始社会已不可同日而语，这带来更为系统性的创新方法论的同时，科技创新的难度同时加大。简单而言，在这个所有行业，所有企业，所有事物都在连接互联网的年代，想缔造一番商业奇迹的豪情壮志是一回事儿；如何科学理性的寻找创新空间，并且利用尽可能低的试错成本获取到商业利益，又是另一回事儿。

真正有创新经验的实践者，会很明确地发现一个创新规律，那就是与其寄望于一种全新的模式，还不如扎扎实实地在基础材料或者基础工艺下功夫，从基础科技角度寻找突破点，精耕细作若干年后，同样能抓住科技进步背后的创新红利。然而，这并不简单，理工科职场背景的人群显然更擅长这种方式，而文科职场背景的人群，则会首选利用商业科学寻找创新空间。两条道路没有高下之分，前者可能更考验制造业经验与研发经验，后者则更考验缜密思维下的商业逻辑。

转移到本书的核心主线，讨论“重度垂直”领域的创新，以“场景”作为切入的思维起点，从“场景”中挖掘商业利益驱动力，是最为现实的路径。如 4.2 所描述的那样：构建重度垂直战略内，“场景”的界定包括五个关键因素，分别为“时间”“空间”“触发”“动机”“动作”，分别对应的是“用户在何种时间背景下产生需求?”“用户在何种空间背景下产生需求?”“用户在何因素触发下产生需求?”“用户需求被触发后，希望解决何种问题?”“用户用什么动作解决问题?”只有在五个关键因素的问题均得到重度垂直战略的创新者极度自信的回答之后，战略才具有执行基础。

从“场景”界定的关键因素中可以发现，在移动互联网时代，“时间”“空间”“触发”“动机”“动作”这五大关键因素均可以在线上结合线下的双轨空间内完成，而利用互联网科技对“场景”的重构，本质意义上代表的是改变原有关键因素，让“科技”作用于原因素特征并且加以改变，从而帮助需求得到更优满足。与此同时，在“重度垂直”方向的商业创新，上述五大关键因素绝对不是“五选一”的选择题，而是必须同时兼顾五个关键因素（向着更符合用户需求满足方向的良性改变），才可能获取到用户认可。随后，才是常规商业计划中会涉及的“多少成本实现”“谁为此买单”“而今的商业进度”“未来需求多少时间达成什么目标”等延展内容。

在互联网时代，“场景”的作用力真实存在，只是在重度垂直创新时代来临之前，“场景”的作用远远没有这么明显与顽强，这主要是因为创新商业环境的变化，也源于重度垂直创新时代对任何创新者来说，都很难找到之前时代那般庞大的蓝海规模，而越是在有限规模情况下，越考验创新者在精细层面的深耕能力。举一个较为形象的案例，平台时代，互联网用户的行为较为分散且未形成行为习惯，在诸多用户行为中切入任何一个环节均会有更多机会成功，但跨入到重度垂直创新时代，互联网用户的多数行为模式既定，可挖掘的宽度与广度均有限，自然而然会更考验创新者的水准。这有点像一个鱼塘边上的钓鱼比赛，第一批参赛者来到鱼塘边上的时间是比赛刚刚开始阶段，任何位置都可以下竿钓鱼，其中一些参赛者找到了鱼群密集流速合适的区域，开始了垂钓的收获期；另一些参赛者在几次更换下竿地点后，也找到了适合自己的位置；

而“重度垂直”创新领域的参赛者于比赛开始后6小时才进场，发现鱼塘边上绝大多数区域都密密麻麻地站满了先到者，剩下的空位仍然很多，但这些空位均处在位置较差的水域边，此时此刻，摆放在“重度垂直”创新领域的参赛者面前的首要问题并不是如何追赶第一批参赛的领先者，而是找到一个能下竿的区域，而这些所谓“区域”之所以尚未被先到者占据，是因为存在一些类似于垂钓难度大，鱼群特征不明显，钓具未必适合之类的问题。潜台词就是，“重度垂直”创新领域的参赛者不仅需要在艰难水域进行尝试（如今已经很难找到不艰难的水域了），还需要不断调试自己的技巧与钓具，以保障自己在这一块难度较大的区域内做到“区域领先”。这个案例只是现实地描绘出了竞争环境已经不同，再想要在数百个竞争者中脱颖而出赢得万亿级市场红利的概率近似于零，真实的残酷环境摆在数十万个竞争者面前，他们只能在竞争规模不超过1000亿元的细分垂直市场掘金。

竞争环境趋于残酷，意味着重度垂直领域的参赛者没有太多时间与成本去试错，时间等同于战略进度，成本意味着生存边界，因而，“场景”模拟帮助创新模式逐步建立。而创新模式的证实或者证伪，同样可以在“场景”这一关键因素中得到论证。

时间

创新模式建立后，符合用户使用的时间吗？以一个商业阶段比较早期的项目“十一点十一分”作为案例，这个项目设定的初始规则便是晚上 11 点之前 APP 不可用，唯有晚上 11 点之后才能与用户对接。此创新模式的设定，直接将时间作为切入点，巧妙利用了高校人群熄灯之后“寝室夜话”的场景特质。从项目的场景验证上说，此项目在初始便摸对了脉门。

空间

对航空客运业而言，上游的客流量大部分被采取 OTA 模式的各家网站占据，客流成本高直接影响到了定价权（有兴趣的读者可以研究一下 2015 年下半年到 2016 年上半年，诸多航企终止与去哪儿网合作的事件，看似是服务不规范等原因，本质还是“去 OTA 化”)。

中国东方航空公司，于 2015 年年末，成立了东航电子商务公司（以下简称东航电商)，为确保这家公司能更好地衔接市场，东航电商采取了独立运营的方式，其成立后的首要工作，便是激活中国东方航空公司的 8000 万会员。这些会员中，约有 30% 为“活跃会员”，被定义为季度飞行者。东航电商这一措施，紧扣旅客在航空旅程中所呈现的空间特征，挖掘航旅空间的用户时间来实现更多利润。

这是标准的针对“空间”特质创新的尝试，当然，对中国东方航空公司来说，这条道路需要克服与解决的问题还有很多。

触发

触发因素与需求行为之间的联系程度，将决定商业模式是否有后续发展的可能性，很遗憾，诸多在模式建立时设定的触发条件在实战中并不一定存在，尽管如此，如果踩准了这种触发条件，仍然会赢得商业全面的爆发。举例来说，“信析宝”是一个致力于改变企业与用户短信交互的商业创新企业。在“信析宝”的商业模式中，如果企业发给消费者一个手机欠费的短信，呈现在消费者面前的将直接是一键缴费界面；如果企业给消费者一个机票出票成功的短信，则消费者面前是一个一键值机的界面，如果企业给消费者一个某某电商网站购买商品已经发货的短信，消费者手机呈现的是物流跟踪界面。“信析宝”捕捉的就是触发联系之后的行为需求刚性，且获得了成功（在安卓操作系统内）。可惜的是能在触发联系领域做到如此极致的项目，近年来少之又少。

动机

笔者曾经在中国市场调研峰会上有过一次针对百货零售业与互联网 + 之间创新模式的演讲，演讲的内容颇为有趣。中国互联网发展促成诸多细分产业的变革，电商购物全面冲击实体零售业，现实的数据一目了然，百货零售业 2014 年增量 2%，卖场零售业增量 6%，唯有便利店零售业增量超过 25%。根据 2014 年的财报，全国 Top30 的百货零售业巨头中，营收与利润超 10% 的仅有两家。于是，百货零售业巨头们纷纷动手，致力于所谓的“O2O 营销”工程，努力用互联网帮助百货零售业重新崛起。笔者在做那一次演讲时，分享了基于数百个调研样本的商业研究结果，调研结果证明，用户不愿意在百货零售业态下购物的主要原因是购物信息不透明，购物服务不提供送货到家服务等，购物环境中的商品品类不符合消费者的需求。随后的调研数据表明，高达 92% 的受访者表示，如果百货零售业的决策因素得到优化，就愿意回到百货零售环境下购物；而 91% 的受访者表示，如果百货零售业出售的商品品类得到优化，就愿意在百货零售业环境下购物。这一次规模不算大的调研呈现出了消费者动机。当诸多百货零售业纷纷连接互联网，用互联网发优惠券的时候，却很少会从战略角度思考：改变行业的根本方式是利用互联网改变用户到店之后的决策因素，以及所采购的商品品类，而根本不是在互联网，发放“满 100 送 25”的优惠券。用户的接受与离开均有可论证的动机存在，绝大多数的百货零售业都在错误的判断，一直到大批门店关闭都没搞明白消费者要的是“透明、公正、服务”，而不是“满就送”。

动作

在重度垂直商业模式设计中，用户选择是用户愿意解决问题的动作吗？某一家中国户外媒体集团曾经尝试用公交候车亭 Wi-Fi 模式切入用户等车场景。在模式设计中，驱动用户的是候车阶段的免费 Wi-Fi，该户外媒体集团希望用户在享受免费 Wi-Fi 之前，能看看广告或者下载 APP。这一模式在实践论证中便存在较大争议，用户愿意使用免费 Wi-Fi 是一种本能，但在移动流量资费越来越便宜的趋势下，对很多用户来说，“流量”的依赖程度正在下降，是否存在愿意为几分钟免费 Wi-Fi 而花费几分钟看广告或者下载 APP 的用户规模，有待考证。“动机”与“动作”之间的虚拟推演无法证明模式规模化的可能性。

模式验证是所有重度垂直领域创新的必经过程，在失败的创新项目中，十有八九跨不过此过程。当然，从行业观察者的角度看待这个问题，最可怕的并非跨不过论证阶段而导致失败，而是当创新者利用自己强大的营销能力跨过该阶段，而模式走入下一阶段进一步放量与变现时，才发现路径原来是错误的。如果到这一阶段再喊停或者调整，试错成本可能会大到惊人。

5.4 功能化连接是场景的最终解决方案

本书始终秉承一个理念，"重度垂直"仅仅是商业创新领域的一个细分领域而已，因此"重度垂直"的创新模式探索需要遵从"创新"本身的底层规则，而"创新管理"整个商业体系的底层原则可以用一句话概括，那就是"让复杂的事情变简单"。进一步解析就是，所有创新均为复杂事务简约化，而不能逆向努力，让简单事务复杂化（即便这种复杂化具有艺术性与迷惑性）。"重度垂直"领域亦如此，如何将复杂事务变得简单是创新的根本思路。当然，"复杂事务简单化"的阐述很容易将思考者带入到误区，认为如果完成一个事务需求20个步骤，那么将其简化为18个步骤便可确定"场景价值"，可真实的商业创新分析要复杂得多，上述的步骤简化只是最基础的一个思考方向，还需要考虑到完成事务的投入（货币成本）、便捷性（精力成本）、准确性（纠错成本）、时效性（时间成本），以及替换解决方案的更换壁垒（信任成本），以往解决方案的退出壁垒（数据迁移成本等），这些成本中的一些可以利用货币计量，我们称之为“显性成本”；更多则不可用货币计量，我们称之为“隐性成本”，唯有保障整体成本（显性成本与隐性成本）的变化与“复杂事务简单化”的变化形成交叉分析时，才可能确立重度垂直创新的真实价值。

整体成本下降 × 复杂事务简单化程度高：处于这个象限的解决方案，意味着用户不仅可以享受更为低廉的成本，还可以高效处理事务，这类解决方案完全不需要担心前景。但在多数情况下，此类方案需要有技术含金量保障或者资源保障，否则很容易陷入泥潭。

整体成本下降 × 复杂事务简单化程度低：处于这个象限的解决方案，意味着用户能获取一定的事务效率，也会面临成本下降的红利，可用户是否选择？需要具体评估简单化程度量化指标与整体成本下降因素，或者可以如此总结，此象限内的解决方案会吸引部分用户倾向，却无法保证全用户接受，有机会切割一部分规模。

整体成本上升 × 复杂事务简单化程度高：请相信，永远会有部分用户愿意为更高效的事务付出更高的代价，而这部分用户的比例需要审视成本递增幅度而定，如果踏入此象限，则意味着解决方案不可规避地进入到了“精品高端用户”范围。然而，请同步正视整体成本上升背后的趋势性数据，规模递增通常可以带来边际效应变化，当达到一定商业规模时，整体成本完全可能与原有解决方案成本趋平。因此，商业阶段早期可以尝试补贴用户（该象限的案例很多，一些模式最终证实有效，而一些模式最终被证明即便补贴也是伪模式）。

整体成本上升 × 复杂事务简单化程度低：如果创新的解决方案只是比原有解决方案多了有限的简化提升，却需要用户承载更高成本的时候，仍然需要比较“简化提升”与“成本提升”之间的价值深度，随后比对启动创新解决方案所需求的整体商业成本。通常，一个千人级的用户调研便可大致评估阶段内的利润贡献以及未来的整体价值规模，从而判断是否值得深入挺进。

而“复杂事务简单化”的终极目标，是将系列事务转化为一个“功能”。再进一步解释，就是将用户的需求“场景”“功能化”。

笔者想举一个滴滴出行的案例（打车 APP 模式本身具有商业代表性，且广为读者所知，模式简单容易获取读者共识）。以滴滴出行为代表的打车 APP，解决了用户的出行痛点，而用户的出行场景在过去的模式中，是站在路边拦车，或是拨打出租车公司的热线电话呼叫，前者一般得看天气，后者一般得看运气。不论是前者还是后者，用户与运营车辆之前均存在信息不对称现象（乘客无法让司机知道自己要用车，而司机不知道哪里找乘客），打车类软件将这种信息不对称消弭所使用的技术并不复杂，却将复杂的痛点变得简单化。各位读者不妨闭上眼睛回顾一下最近一次自己使用打车类软件的体验，是否能感觉到该APP的“功能化”，在上车之间的所有位置锁定、线路导航、选择车辆等，均由系统完成，乘客所需要的只是等车到门前，上车、乘车、下车、付款+点评而已。

可“功能化”的创新模式，最容易赢得用户黏性，也是教育成本与用户生命周期最佳商业突破点，打车类软件的“功能化”，背后带给创新者的启示是无须老牵挂着“平台生态”等高大上的名词，工具与功能是“复杂事务简单化”的解决策略，该规则适用于任何重度垂直领域，一旦形成一定规模的用户量级，随之而来的就是深耕场景价值，包括场景环节的纵向深耕，以及场景功能的横向扩展。

第 6 章

产品战略布局

6.1 重度垂直产品应该学会拒绝加法

这不是一个“平台”或者“生态”可以作为初始目标的年代！首先，并不是任何创新都可以通往“平台”或者“生态”的终点；其次，即便创新者将打造“平台”或者“生态”作为远期目标，在重度垂直商业创新的起步阶段，仍然需要学会做减法。

然而，笔者以很多年的战略经验可以很负责任地说，相当一部分的商业创新可以勾勒出“平台”与“生态”的前景，却不是全部，或者说，即便有50%的创新可以打造“平台”与“生态”，也依旧有50%的创新只能停留在“产品”阶段。在这里，需要从战略制定者角度给出更多的信息：从一个创新切入点延展出从“产品”到“平台”到“生态”的战略制定思路，这是从事战略工作的人经常做的事情，考验的是战略制定者是否能从点进入到线，随后将线贯穿成面的功底。毫无疑问，以“平台”或“生态”为终点的商业创新模式会显得格外耀眼，也更容易赢得投资人的青睐。可在实际的商业进程中，能构成“平台”或者“生态”的概率相当低，因为“平台”与“生态”的最终目标数量不可能设立过多，而通往终极目标的路径却数以百计，唯有其中一些最能撬动“平台”或“生态”的业务杠杆才可能达成目标，而不同的业务阶段所能触及天花板的时候其实是有限的。举一个例子，某家从事生鲜产品业务的农场，在走完了经销商路线和直销路线之后，开始尝试自己开设餐饮连锁，以自有的产品与自建供应链的模式实现连锁运营，顺势打造以“渠道/直销/餐饮终端”为核心的生鲜平台，这样的商业计划符合正常业务逻辑，以及业务所能发力的目标。反过来，再用一个比较极端的举例形成反证，某家牙签厂，为全国80%的餐饮店提供牙签，准备开设一系列餐饮连锁，帮助自己实现从“B2B”到“B2C”的业务全平台架构。相信一看到这个案例，很多读者自然而然地会笑出来。事实上，商业实战中自然不会如此极端，可制定出不切实际的战略目标的企业不在少数。

战略目标的科学制定在于战略合理性与战略的可达成性，

而在战略的合理性与可达成性的评估中，又涉及目标科学性、企业战略基础、企业商业阶段、规模的可撬动力度等因素。在上述的案例中，前者符合战略的合理性与可达成性，而后者看上去更像一种“黑色幽默”。请注意，商业实战中的“黑色幽默”无所不在，只是不会像这个案例一样如此刺眼而已。

让我们还原到重度垂直商业创新最可能面临的情况吧。多数情况下，创新者对计划进入的领域有所了解，这种“了解”可能是四个基础维度：1）个人从业经验，创新者可能在此行业或者行业上下游工作多年，了解行业业务规则，明析行业存在的痛点；2）企业运营经验，创新者可能并非个人，而是行业内某一个企业，且业务开展多年，对行业内的资源多有积累；3）行业管理经验，创新者可能并非个人或者企业，而是行业管理行政机构或第三方机构（比如专业学者），可以明确洞察行业上游的资源控制与对接的可能性；4）跨行业研究经验，创新者可能并非行业内人士/企业/机构，而是来自互联网行业，经过跨行业研究，明确了互联网知识体系，能帮助该行业进入产业升级的加速跑道（第四种“了解”可能性，完全不可能存在于高壁垒行业中，仅可能存在于标准化难度较低的规模性行业中）。但无论是哪一种“了解”，都会迫使创新者提出一种在重度垂直领域可改良现状的解决方案。换句话说，所谓的“了解”是毫无价值的，重度垂直领域的价值是否能被挖掘，更多是在于“了解”后提出的解决方案，而创新者最容易陷入的第一个陷阱，便是思维无边际的延展，最终得到错误结论，认为自己可以改写整个商业的规则。

这里列举一个真实的案例，源于一家在中国境内具有高知名度的企业培训集团。这家集团在超过20年的稳定运营中，为数以千计的企业提供培训解决方案，且赢得了行业内的不错的口碑。从战略基础而言，这家集团已经具备了培训最关键的两个要素：一个是培训讲师，该集团旗下的签约讲师均为优秀资质讲师，具有服务企业各个不同业务培训的经验；另一个是企业业务接口，该集团多年沉淀下的企业级客户基数庞大，业务铺设到各个行业不同企业，甚至与诸多客户达成战略联盟。除两大优势外，这个集团还有着企业培训领域较为成熟与领先的方法，针对不同企业诉求，如何做需求评估，如何设计定制化产品，如何进入高效对接与顺利实施，如何进行效果评估，如何提供学习工具，均在行业内有着一致好评。换句话说，该集团的运营模式成熟且领先。

在这样的战略背景与基础下，这家企业培训集团计划启动“互联网 + 教育”的升级战略，经历数月艰苦的战略制定后（每一家企业制定战略都是艰苦的信息评估与方案互搏的过程，无一例外），集团明确了“环节化培训”的互联网产品方向。在“环节化培训”的产品计划中，按照多数行业企业的常规业务环节，将培训内容嵌入到可一键触发的产品模块里，企业员工面对的是一个 APP，直接一键触发便可立即学习所需要的知识或者技能。这一规划，相当符合互联网产品商业价值的原则，对这家培训集团来说，企业级客户是其产品落地的先天阵地；而讲师资源，则可帮助课件更好地环节化，用 APP 解决员工随时可能产生问题的需求。当笔者受邀作为战略顾问出席这一场讨论会时，一直听到这一步骤，笔者还相当认同此产品战略的方向，随后，出人意料的步骤出现了，在该企业产品规划部门的计划内，同步还会启动的产品核心功能包括所有企业的受训者可以在平台上进行即时问答，以及企业高管可以通过此平台直接与员工进行社群互动。

梳理一下案例信息，1）这家培训集团有着相当不错的战略资源，包括讲师资源与客户资源；2）利用互联网的产品战略第一步准备实现的为环节化培训，讲师与学员的即时问答，企业高管与员工的社群互动。听到后两个功能设定，笔者认为，如果说利用互联网 APP 帮助实现环节化培训，是利用课程可标准化以及环节化触发的特征，赢取互联网创新红利的话，那么后两项内容就显得很奇怪。奇怪之处之一在于这两个功能为何会在此阶段出现，之二在于这两个需求与既有的资源科学利用原则会产生冲突。

让我们来审视一下第二项产品规划——讲师与学员的即

时问答。该功能的设定等于是将讲师资源视为可随时在线应答的“电话”，要知道，很多优秀的培训讲师每天都有课程教学，如何能说服他们放弃课程传授，而是每天对着一个类似于客服电话一样的平台做应答呢？此外，此在线互动的功能如何实现？如果是电话对接，那么由于每一位学员的理解与表述能力有差异，那么一次电话沟通的真正内容就并非是培训类知识，而是变成了讲师对业务决策的讲解，很容易形成学员（企业员工）不做自己职责内的业务判断，而彻底沦为跟从讲师的应答机；而讲师因受制于远程指导而不可能完全掌握业务信息环境，错误决策和建议的出现会让企业产生很多额外成本。最可怕的是，动态问答模式，很容易将“培训”业务主动推进到“咨询”业务，而“咨询”业务通常更需要强大的信息来作为判断基础，可在远程问答的模式会造成信息缺失，使讲师只能靠方法论给出建议。按照这条道路走下去，企业级客户的满意度将会下降，甚至于丢失客户。

让我们再来审视一下产品规划中的第三条，企业高管与员工的社群互动。企业的社会化协同工作可以互动，企业的工作群可以互动，企业的 QQ 群可以互动，企业的邮件群可以互动，企业高管与员工之间不会存在为唠家常而发起的互动，更多的互动发起源点是业务信息沟通或业务文档交流，因而，在一款以培训为内核的内容类工具产品中，突然出现了“互动社交”属性的架构设置，一则触发源点不符合用户动机，二则对既有的互动产品不存在可替代的作用，两者相结合的结论就是会浪费产品资源，不会对创新型产品产生积极驱动力。

上述的案例是在产品战略推演中，伴随思维信马由缰而变得不伦不类的典型，而在重度垂直领域的商业创新战略拟定过程中，学会对不需要增加的功能说不，远远比看到什么模块都拉入到创始阶段更为重要，也更考验产品战略制定者的功底。

6.2 控制产品战略的优先级

一切力图用互联网连接其他行业，实现重度垂直商业创新的尝试者，都需要对互联网的层级有所认知。互联网科技发展到而今，自下而上，可以划分为四个核心层级，最基础层级为“硬件级”，负责连接，包括用户连接、企业连接、运营商连接，这部分的商业利益更多出自于物理连接，也不管这种连接使用何种有线或者无线技术，也不管这种连接使用何种先进或者普遍的协议；自下而上的第二层级为“应用级”，负责应用化软件，最主要区别，其实仅仅存在“电商”“工具”“社交”“游戏”四大细分，分别以“交易”“效率”“互动”

“娱乐”为主要标签。几乎所有的应用级创新都可在这几大基础细分内寻找到痕迹；即便是资讯类、影视类、地图类，也可归属在“工具类”应用内，帮助用户获取资讯、观看视频、查找地图导航等；自下而上的第三层级为“云级”，负责去本地化，可将更多的应用转移到云服务器，让用户能在不同的设备上进行远程访问，并且实时同步；最高层级为“脑级”，负责协调运算资源，在云端高效处理数据，并且从上往下发力指导云、应用与硬件的合理资源分配。

而对任何一项致力于重度垂直价值挖掘的商业创新行为来说，评估与掌握产品战略的优先级都显得非常重要。“优先级”不仅意味着初期的试错成本可以得到最大限度的控制，更意味着提前占据天使用户的制高点，能为产品的后续发展获取到关键性的回馈。

如何控制产品战略的优先级？主要基于四个维度的评估：

该产品核心功能设立，是否直接可解决用户关键需求

如之前本书多次陈述的那样，用户的需求会有层次的区别。在所有的需求中，哪一项是关键需求？该需求是否在系列需求中，既符合用户迫切程度，又有机会能串联关联需求？通常来说，在绝大多数的重度垂直商业项目产品战略优先级的评估中，符合“关键需求”的需求数量会不止一个，但经过

多次讨论与推演（如果可能，更理想状态是有数百样本的调研结果），“关键需求”从“关键性程度”上可以被锁定到一个，而且只有一个，即便是可关联的若干需求，最终可确立的“关键需求”仍然只有一个。

该产品核心功能的实现，是否能在既有战略进度上获取到最佳路径

最佳路径通常指的是资源与成本的平衡点。进一步看待“最佳路径”，意味着产品功能实现后，随后达成产品寄望战略进度的道路上，是否有战略基础能提供助力？“助力”定义为“资源”，包括市场资源、资金资源、供应链资源或其他核心资源，这部分资源能帮助产品核心功能实现并以最快速度或最低成本达成目标，且“最快速度”与“最低成本”并非二选一，通常能达成两者结合的平衡。

该产品核心功能的实现，用户的使用频次与利润贡献预期

几乎所有的互联网创新产品都符合的特质为“高频触发 + 低频变现”，如果该核心功能的设立无法保障高频触发的话（这种概率完全存在，低频触发的商业应用同样存在，尤其是企业级应用，完全可能是季触发甚至是年触发），那是否有足够的可能性保障在低频触发基础上实现较高的付费率？这里用一个所有读者都熟悉的案例作为参考，中国铁路总公司旗下的12306铁路订票APP便属于标准的低频触发应用。对12306来说，的确是有一批旅客经常使用该APP，但多数用户仍然不会频繁使用该APP，但12306的特征在于一旦使用便存在80%～90%的用户会有在线购买行为。当然，这一案例较为特殊的因素是因为12306是官方发布的应用，且中国并不存在大量的铁路票务分发应用进行竞争的情况发生，在此基础上达成低频触发高比例变现的可能性。与此同时，如果达成该产品核心功能实现，所需求的成本是否在本企业或本创新团队所能承载的范围内？

除了产品的核心功能列为首要优先级之外，其他的功能优先级如何排序

寻找到优先级最高的产品核心功能，即可视为满足了用户的关键需求，但在整个产品战略优先级排序中，其他非核心功能将在未来的不同优先级达到何种排序？这些排序的理由是什么？在不同阶段达成不同优先级功能依次实现后，分阶段的产品将呈现什么样的状态？不同阶段的产品分别满足用户的何种组合需求？将带来的利润回报将是什么？达成不同阶段优先级功能组合的同时，是否需求外部的关键性资源接入？接入成本如何？

关于产品战略的优先级控制，并不是利用一些信息组合就能达成的评估过程，在绝大多数情况下，需要根据每一位创新者或者每一个创新团队所处的环境来进一步界定。如果是一个成熟企业的内部创新机制，则创新团队可能拥有更为充沛的资源才能借力，同时也会拥有较为充裕的试错空间来尝试不同道路带来的不同结果。如果是小规模独立创业团队，则可能只能寻找一条适合的道路，论证期间尽管有风险与试错成本，却别无他法，因为资金与时间永远都是有限的，如果无法寻找到外部投资人，就很可能在任何一个关键节点面临资金链断裂的风险。

控制产品战略的优先级，同样需要秉承“战略思维”的基础特征。何谓“战略”？摆脱“战略思维”聊“战略”将陷入无所适从的盲区，而“战略思维”的底层特质便是“局外看局”，也就是站在问题之外看待问题，站在系统之外看待系统，站在逻辑之外看待逻辑。因而，所有“产品战略”优先级的问题从来都不应该单纯从产品、需求、功能这些局内因素来形成判断依据，还需要结合“产品战略”之外的市场战略、运营战略、资本战略等，或者说，结合整个企业或者整个创新团队的完整情况来分析。

对任何一个起步阶段寻找产品战略优先级的关键项目人

来说，最符合实战需求的思维路径是“小步，快跑”，也就是产品、市场、运营、资本这四大基础战略无须拉开太大的进度区别，而应该是彼此紧咬、大幅度地配合前行。在多数重度垂直商业创新项目领域，常见的陷阱是创始人有产品职业经验背景，或者有市场职业经验背景，这两种职业背景一旦出现极端情况，就完全可能出现两种令人匪夷所思的结果，前者坚持产品完美后或者接近完美后再走向市场；而后者坚持先攻克用户，再逐步做产品功能升级。而实际的商业结果常常会让这两种极端选择都面临崩溃，接近完美的产品只存在于人的内心构想中，由于与市场进度脱轨，之后会发现完美态产品上线后水土不服，随后再重新布局，造成研发成本上升与战略进度的严重滞后。而野蛮攻击市场的结果是，在产品尚处初始阶段便不计血本地进行市场投入，又因产品尚无法达成较为理想的需求满足或者用户体验效果而造成用户的大批量流失，一则会造成对商业前景的悲观预估，二则完全可能在下一波酝酿市场攻势时需要更为昂贵的成本（重度垂直领域的规模不存在于大众市场，在规模有限的市场规模内，用户流失意味着再度获取的难度加大）。

虽然有着无数商业经验提醒创新者在产品战略优先级层面需要如何做，但事实上，创新者第一灵感感知的功能常常就是优先级功能，这可能是一种悖论。理论上来说，灵感型感知的准确度不可能高于基于科学评估方法的推演，可实战中偏偏存在着两极分化的情况，灵感感知型的优先级未必就是错误的，但即便如此，在产品启动早期，仍然需要创新者寻找更多行业内的同行做一些探讨，是否能突破思维禁锢，准备工作依旧重要。

6.3 快速迭代策略

“迭代”是互联网思维逻辑中具有行业特色的一环，这与互联网产业的技术性特征相关。早在互联网尚未问世的阶段，“迭代”便是科技创新与商业壁垒的重要组成部分，但在互联网科技大行其道之前，“迭代”面临的成本与压力在客观上要大得多。通过商业科技发展的历程来解析，在数字商业科技规模化发展之前，主流科技存在于制造业中，而制造业的价值传递在于实体商品的研发与生产，进而通过贸易流通业实现实体商品分发。以电视机产业为例，即便某一个知名品牌为自己生产的电视机商品，研发出更具有价值的迭代技术（比如屏幕、遥控器、红外线等），也仍然面临着市场的限制。由于电视机产品迭代周期较长，因此很多家庭一次性购买电视机之后的二次购买的动机通常只有三种：第一种，新旧更换需求，这种购买动机源于原电视机已经使用很久，故障频频，修理成本与全新购买成本相比，会让很多家庭用户选择购买新的电视机；第二种，新居使用需求，儿女逐渐长大，成家立业，买房构建小家庭，新居会有购买电视机的需求；第三种，收视体验升级需求，原有电视机的功能较为陈旧，即便没有故障，也让家庭级用户感觉无法忍受，在某些促因情况下（比如男主人酷爱足球运动，而这一年夏天又恰遇世界杯盛事，所以希望购买60寸超大屏幕电视机），所以会进行升级类购买。无论是哪一种购买动机，都属于低频购买触发。类似的情况也出现在电冰箱、洗衣机、家具、车辆等耐用消费品领域。对此行业的企业来说，“迭代”技术从研发实验室问世，一直到众人使用，经常需要的是5年，甚至于10年时间。

而互联网科技时代则不同，用户用的可能是某一个网页版工具，也可能使用的是某一款应用类APP，此创新产品的迭代，对用户来说的接受壁垒相对较低，只是在应用商店提示升级时按一下“更新”按钮而已。互联网科技时代的技术特征，让“快速迭代”成为产品战略中不可或缺的战略价值环节。

“迭代”可以划分为关键性迭代与非关键性迭代两大类型。

在关键性迭代的重要节点，创新团队将发布重要功能升级，这种功能常常是原产品完全不具备的，且能对用户需求或使用体验实现重大改善；而非关键性迭代，则主要呈现在各种分支版本，可能主要解决的是一些小漏洞或者小规模的体验问题。

对重度垂直创新的产品战略制定者来说，“迭代”需要从“主动”与“被动”两个角度同步考虑：

主动迭代

参照既定的产品战略，在某些符合战略规划进度的时间点，按时按质发布新的产品版本，这些产品版本的研发在更为长期性的规划中早就注定了，是产品走向完美状态的过程，且每一次迭代版本的问世，都可能形成用户的关注，对运营报表与财务报表会产生积极影响。

被动迭代

任何一个产品研发团队，都需要有 3 ~ 6 个月的产品技术储备，该储备甚至未必是用于产品主动迭代。如果以“明”与“暗”作为对比标签，“被动迭代”的技术产品储备完全属于“暗”的一面。如果没有特殊的触发因素，此类迭代准备完全可能永远都走不出研发实验室，而只会存在于技术文档。最常见的“被动迭代”会发生在竞争对手突然发布一个全新的产品版本，该产品版本在短短几十小时内便引起业界高度关注，被认为将改变竞争格局。此时此刻，“被动迭代”的技术储备将被启动，发布迭代产品，以更为领先性的产品功能与布局稳住已发生动摇的市场根基，以便为后续的技术产品较量提供多达数月的缓冲空间。

对产品战略制定者而言，“快速迭代”的打法有点像“咏春拳”——始终强调贴身短打，以快速与爆发力形成攻防兼备的效果。以“咏春”比喻“快速迭代”的产品战略，意味着产品战略制定同样需要秉承“贴身短打”的高频节奏，“贴身”指的是“贴身”市场、用户、对手三个主题。

贴身市场： 任何宏观或微观意义的“市场”，均有阶段性的新技术问世，一旦捕捉到可能有价值的技术功能，便可利用“快速迭代”在本产品功能中得到体现，强化用户流失壁垒，帮助提升用户黏性，也能保障产品在主流功能布局上处于领先的位置上。

贴身用户： 对用户来说，不断迭代的产品提示本身就是触发动机的因素，对于很多用户的实际使用逻辑来说，经常会因为某一个产品发布迭代更新公告而提醒用户需要去使用、体验新功能，部分用户会因为“快速迭代”而与产品发生更为密切的触发。

贴身对手： 不论是市场领先者还是市场追赶者，“竞争对手”的概念一直存在，“快速迭代”的产品战略能帮助产品始终与竞争对手在功能上紧咬或者保持领先。

同样，产品战略的“快速迭代”需要与市场、运营、资本三大基础战略保持同步，没有市场部门同步实现市场信息的双向互通，没有运营部门提供迭代的资源支持，没有资本市场提供充裕的竞争资金，那么产品战略的“快速迭代”就很难保障竞争力稳定有效的提升。

6.4 产品与市场与资源的制衡

在重度垂直领域，商业模式的设立可以划分为四个类型：

第一类，扮演供需中间环节的连接者。

现在还存在诸多信息化程度较低的产业，经常出现供需连接方式原始化的现象，针对此类的重度垂直创新，通常要从连接供需两端作为切入点。此类商业创新对于启动团队来说，无论市场端，还是资源端，至少需要对其中的一端具有一定的控制力。

第二类，扮演行业优质产品的提供者。

原有的产品可能是制造业原材料与工艺均处在较为成熟阶段的产物，创新者利用互联网技术实现产品互联网化，提供更具有互联网特质的产品。举例来说，原自行车原料与技术较为成熟，满足用户短途代步的需求，伴随着更为高科技的原材料的问世，用户开始寻求骑行的乐趣，而互联网自行车的出现，则让行驶轨迹可以被记录，成为人类数字生活的组成部分，同步满足人们对健身与时尚科技性的要求。此类创新同样会要求团队具有较为深厚的技术沉淀，能对既有产业进行科技迭代的改造。

第三类，扮演行业科技创新的服务者。

除了制造业，商业环境中还存在着规模巨大的服务业和衍生服务业，前者是为用户提供服务，后者是为其他行业提供服务，相比制造业的科技产品成熟程度，服务业多停留在低科技附加值阶段中。从科技连接服务的角度入手改变服务业的状态，利用科技提升服务业的标准化程度，或者帮助服务业实现更高效的信息对称，均是创新可切入的良好机会。

第四类，扮演行业的科技发展支持者。

必须承认的客观事实是，中国多数行业的信息化程度并不高，这也给互联网科技驱动多行业结构性升级带来可能性。而不同行业具有不同特质，无论是商品科技升级还是服务科技升级，均会有行业特征的科技承载体需求，比如针对某个行业特征的云服务，或者针对某个行业特征的数据库服务，或者针对某个行业特征的信息化工程服务等，从此类入手，创新者可以扮演基础建设支持者的角色。

任何一种形式上具有差异的创新模式最终均将致力于产业深耕，而具体的切入点则完全根据行业的原有特征以及创新团队的战略基础，但对任何一种形式而言，通常都会面临“战略进度”这一难熬的坎儿。“战略进度”体现为“产品战略进度”“市场战略进度”“运营战略进度”“资本战略进度”的结合体，其中“产品战略进度”表现为产品研发团队的实力与工作量，“资本战略进度”表现为项目本身的含金量以及资本接触的进度，而“市场战略进度”与“运营战略进度”则需要寻找到最具有价值的市场资源或者运营资源，才能保障项目的加速运行。

多数创新项目并不具备无穷无尽的现金流，因而，购买市场资源或者购买运营资源对多数创新团队来说，只是有限解决问题的方式之一，而更多是要寻求“合作”。“合作”的意义在于寻找到能共赢的市场或者运营资源，而这恰成为很多创新团队的难点：市场资源在哪里？运营资源又在哪里？

从经营角度看待这个问题，但凡是具有统一连接概率的资源（不论是市场资源还是运营资源）均具有特性，这些特性可能是针对同一人群、同一企业、同一商品交付过程，或者同一需求满足（任何商业创新都不可能去尝试连接风马牛不相及的资源)。既然如此，捕捉资源共性、提炼共同利益、打造合作机制便成为重中之重。

捕捉资源共性

一切可以被共同利用的资源，均具有共性，通常这种共性可能是人群或者企业，也可能是价值交付过程，也可能是需求满足过程。在商业实战需要“捕捉资源共性”的阶段，我们会发现上述三大类型，均有共性可归纳。以人群为例，不同收入、不同区域、不同年龄段、不同社会身份构成了人群的核心标签，而这些标签将帮助我们寻找到人群在何处聚合；以企业为例，不同行业、不同上下游、不同行政管理归属、不同商业通路均构成企业的核心标签，这些标签将帮助我们寻找到企业在何处统一对话；以共同价值交付过程为例，意味着企业会以类似的模式向消费者进行价值交付，这种价值交付可能是物流快递，也可能是上门送货，可能是门店交易，也可能是商超货架，可能是邮局订阅，也可能是会员积分商城联盟；以满足共同需求为例，企业的需求可能会是商业资源的对接，而个人的需求可能是兴趣知识的学习，这一系列的共性，会在项目中存在千万种可能性，但可以肯定的是，资源共性肯定存在，以笔者在商业领域接近二十年的战略经验来看，尚未出现过任何一个项目无资源共性的可能，唯一存在的障碍反而是在共同利益与合作机制层面的隐藏障碍。

提炼共同利益

只要寻找得到资源共性、提炼出共同利益点，将得到持续推进的驱动力。需要在此处说明的是，共同利益并不一定是明显的商业利益，尤其在与行政管理部门，或者非营利机构进行共同利益沟通时会发现，非显性利益反而会成为关键点。但有一个共同利益的原则不可忽视，如果拓展的是市场资源，会赋予市场资源合作者以更宽的联合变现机会；如果拓展的是运营资源，会给予运营资源合作者以更广的市场用户机会。以一个例子来解释这个现象，某创新团队研发一款防水的手机壳，该手机壳能让手机掉进水里后，可以保持完全干燥。此时此刻，对该团队来说，最需求的市场资源应该就是 3C 电商网站或者手机厂商，以求作为产品包进行联合售卖，并且实现双方的利润分成。让我们尝试走出市场资源拓展方向的固有限制，将视线转移到保险公司。保险公司的数量并没有想象中庞大，且每年为鼓励用户续保，保险公司会有各种激励措施出台，既然可以给车险购买者以简便工具箱作为奖励，为何不能以防水手机壳作为奖励呢？再进一步开展视线范围，银行为鼓励用户开立信用卡，都会有激励策略，可能是生活用品，也可能是时尚拉杆箱，那防水手机壳是否能以银行作为拓展对象呢？请注意，保险公司也好，银行也罢，这两个行业的特征都是企业数量有限（不像数以千万级的用户），行业内具有统治力就那么几家，寻找到这样的市场合作伙伴，能快速扩大创新团队的市场规模，作为代价，创新团队需要评估后降低产品的出售价格，以单品利润降幅与规模销售带来的整体利润增量作为策略的切入点。而对保险公司或者银行业来说，同样在给消费者以激励，如果一款具有新鲜感或者创新科技感的产品，能带来更优秀的保险销售业绩或者信用卡开卡业绩，便有了与创新团队的共同利益点。

打造合作机制

合作的机制是保障市场资源或者运营资源可持续稳定推进的前提，合作机制的打造并非一朝一夕就能想象出来，相反，同样需要论证与不断改良。让我们再来看一个现实中存在的案例：伴随着智能电视在越来越多的家庭中占据客厅的醒目位置，智能电视内的广告就成为商业利益的必争之地。由于智能电视的最初发起者为内容平台，采取的方式是宁可降价赔本卖电视，都要换取用户不断购买年费的后续收入，这种做法是将收入后置，对智能电视产业的“圈地期”尤其关键。当乐视这样的跨界公司出现时，传统的电视机硬件厂商集体陷入困境，不得不降价应对。而在降价应对的同时，传统电视机厂商最常见的模式便是将电视内的广告资源外包，寻找某一个智能电视广告传媒服务商合作，以智能电视广告收入的分成来补贴销售硬件时的营收逆差。在这个不算复杂的案例中，智能电视硬件生产者与智能电视广告传媒服务商之间便存在着利益合作机制，硬件生产者的利益在于合作者能在未来数年内持续提供利润，而广告传媒服务商则需要大量买断智能电视广告资源，以保障资源占有率以及其背后的广告资源溢价能力。合理的合作机制将是可持续的、共赢的，而不局限于短期或者两者之间。

产品、市场与资源是全盘联动的关键要素，不能独立运作。对重度垂直领域的创新者而言，商业规模的大小并不重要，更重要的是合理支配产品、市场与资源，谋求生存与重度垂直领域的统治力，并且在规模经济达到边际点的时候，寻求进一步的突破和利益回报。此外，还需要进一步思考利润来源，前端变现或者后端变现并不是绝对不可逆转的铁律，在产品、市场与资源达到临界点的时候，多维度同时变现的契机自然而然会呈现在面前。

第 7 章

重度运营的关键要素

7.1 场景——转化效率的提高

重度垂直领域的“场景”较大众领域的商业创新而言，更具有不可替代性，且由于重度垂直创新面对的用户未必是自然人，同样可能是企业或者机构，所以“场景”便成为效率转化不可或缺的“胜负手”。

所有的数字科技商业都可以简单划分为“市场”“产品/运营”和“CRM”三个框架性环节。“市场”负责用户从何而来，“产品/运营”负责用户利润贡献最大化，“CRM”负责用户在体系内的生命周期。这三大框架性环节在不同的企业经营中，会出现一些模糊的特征。比如在一些团队的构建中，“市场”会回报于“产品/运营”，而另一些团队的构建中，

“CRM”会回报于“产品/运营”，无论是哪一种回报结构，本质呈现出的特征就是“产品/运营”部门应该被赋予更高的行政级别和资源支配权。

有趣的是，“市场”“产品/运营”“CRM”均越来越密切地与“场景”特质相关联，或者说得更为简单一些，得“场景”者得天下。

“场景”作用于“市场”

“市场”业务环节的职能是获取到新的用户，可能是源于品牌宣贯背后的用户找寻，或是利用营销策略购买流量，或是利用商务拓展策略获取用户。需要澄清的是，很多企业或者创业者团队对真实的数字商业市场并不具备深度认知，可能是着迷于一些神一样的案例成就。迄今为止，仍然有一些团队会认为可以凭借某一个病毒性的事件或者话题来造成市场用户的“爆发性增长”（这个词汇，近年来不知道为何，在诸多企业市场部负责人口中频繁出现），从而忽略了“市场”。但作为商业职能部门，更多业绩在于在一定资源投入前提下的精耕细作。可能有一些读者接受过项目管理课程的商业训练，在项目管理的规则认知中，极为重要的一点便是，一切项目结果均与资源的投入有关，而“资源”的投入包括人力、物力、财力等可量化或不可量化的资源。市场工作也是如此，身为商业学科中的重要组成部分，市场学有着严格的实施路径，任何寄望于“爆发性增长”的态度，均应该建立在市场资源的配给上。大约在 2008 年之前，中国互联网领域还有可能获取到一些免费的流量；而在 2008 年之后，中国互联网的绝大多数流量均需要付费获取。因而，市场部的真实工作考评应该是如何利用资源，赢取到有限资源内最有价值的用户流量（最有价值，而不是最大数量）。

利用有限的预算与资源，如何综合获取到价值最大化的用户流量回报？在“重度垂直”领域，市场工作对“场景”的应用，将起到主要推动力的作用。

人民生活水平提升带来的物质需求与消费需求提升，城市中规模庞大的上班族，仍然主要依赖公共交通出行，场景特征在于，乘坐公共交通出行的上班一族，通常在地铁或者公交车上，都会使用智能手机看新闻资讯或者听音乐。针对这种情况，2015 年岁末，连锁快餐巨头肯德基，推出了“帕尼尼视听早餐体验、让新鲜早点到”的场景营销活动，对接乘坐公共交通出行的上班族的早餐需求。

通过洞察消费者行为。肯德基的“帕尼尼听早餐体验”项目使用的营销媒介组合是腾讯新闻客户端外 QQ 音乐，专门为肯德基打造正能量的新闻栏目和音乐歌单，并将肯德基“帕尼尼早餐”拟人化成生动的“早餐君”形象，用香热早餐吸引消费者的味蕾。在媒介体现开式上，取提取各行业 3 ~ 5 条热点新闻缔造早餐资讯专题、在 QQ 音乐定制早餐歌单等方式，核心点在于满足消费者早餐需求背后的幸福感。

该项目使用的科技谈不上尖端，却将 LBS 场景技术深入融合到消费者交互过程中，不知不觉达到消费者营销信息的贯通。最终，这一持续 6 个星期的项目，达到约 28 亿次的曝光量以及近 2.9 亿的总点击量。

将场景特质融入市场工作中，已经是企业在移动互联网时代的标配工作，肯德基的“帕尼尼视听早餐体验”项目具有教科书般的意义。

“场景”作用于“产品/运营”

根据“场景”特色来设计产品，并根据“场景”特色来赋予更高的运营价值，这种可能性存在么吗？当然存在，这种可能性不仅存在，而且有相当值得称道的案例。

国际著名连锁快餐巨头麦当劳于 2015 年推出了“充电饱”套餐，该套餐以加长汉堡与双层汉堡作为主产品，并联合小米手机，将“充电”作为产品主打的增值部分，获得了相当理想的回报。

麦当劳与小米手机联手，当小米手机用户电量不足时，系统便会自动提示最近的麦当劳连锁店地址，并提示需给设备充电，同时也鼓励用户到店购买“充电宝”套餐为体能充电。手机充电与体能充电在“产品 + 服务”的双向支持下，赢得了消费者的高度认可，该案例并不复杂，却可见麦当劳产品部门的用心程度，利用“充电”场景设计产品且提供了相应的运营条件。

“场景”作用力于“CRM”

“CRM”业务体系是负责用户生命周期与生命周期内活跃度的核心业务环节，所以 CRM 部门通常有两个特点：第一，部门拥有存量顾客数据（信息化较高的企业的数据质量可能也较高，信息化较低的企业可能只有姓名、手机号码与电子邮件地址等数据）；第二，部门对存量用户有较高的掌握度（较市场部门面对陌生消费者的掌握度而言，CRM 部门的掌握度高得多）。从部门职能以及可提供业务助力的资源来看，CRM 部门可借力“场景”的地方更多。

以一个旅行购物 APP“购轻松台湾”作为案例，此 APP 具有相当多的用户服务特质在内，用户一旦使用本 APP 并且捆绑个人信息，其行程信息（如航班信息）便会呈现在 APP 内，APP 便会为注册用户提供台湾商品购买、台湾本地游产品购买等信息。在多数用户的心目中，这款 APP 只是一个低频触发的应用而已，但不可忽视的是，对于赴台旅行的用户来说，这款APP在很大程度上解决了购物困扰（在APP下单，到机场提货，不需要手提肩扛），为用户的便捷旅游提供了切实的帮助。

“购轻松台湾”是基于既有用户信息实现价值延展的代表作，尽管其商业规模并不庞大，却非常有效地缓解了用户在陌生城市旅行的不适感，帮助旅行过程变得更好。

“场景”的利用能帮助重度垂直领域创新模式，在各个不同的业务环节均可提升和转化效率，而“场景”的高效利用也同步对各个业务环节从业者的综合能力提出了更高的要求。

7.2 环节——流通效率的提高

“去环节化”指的是将既有产业链条环节通过重度垂直领域的研究与技术解决方案进行缩减与优化，这也意味着对商业模式设计者来说，深入研究产业链条、细致评估缩减任何一个环节的技术，均存在创新价值。但必须说明的是，这种“缩减”正变得越来越困难，并非商业解决方案的准备者在退化，而是伴随着越来越多行业进入到互联网重度垂直领域视野内，中高频触发应用领域的创新空间正变得越来越窄。根据

2015 年的研究报告，80% 的智能手机用户最常触发的 APP 数量不超过 3 个，消费者级的商业应用创新正在放慢增速，这也带来了视线转移，更多的重度垂直创新方向被设定在消费者不可见的后端，从供应链与管理效率入手，帮助产业升级，并赢得了相应的商业回报。

仍然举一个颇具行业研究价值的案例作为环节提升流通效率的有效参考，该案例发生在电商购物领域。可能很多读者看到“电商购物”会感觉到茫然，虽然中国的网络购物商业规模已经雄踞世界首位，每年“双十一”24 小时内都能刷出让西方人瞠目结舌的业绩，但就整体来说，中国电商购物产业已经进入了平稳期，这里所指的平稳是指电商购物产业内绝大多数实体商品细分领域均已尘埃落定，若不出现者产业边界突然间改写的情况，多数实体商品电商购物几乎在很长一段时间内都不会有市场份额天翻地覆的变化。从整体电商购物产业趋势来看，B2C（企业对消费者，例如天猫与京东商城）电商增速远远高于 C2C 电商（消费者对消费者，例如淘宝集市），这种增速在多年积累后，2015 年的 B2C 电商成交额已超越 C2C 电商。显然，这与商业阶段背后的消费者诉求升级相关，越来越多的网购用户意识到，在品牌企业的网上商城购物将享受到更为妥善的物流配送、品质保障、退换货售后等重要服务。截至 2015 年，在 B2C 电商购物产业范围内，天猫雄踞第一，京东商城占据第二位，天猫的销售规模大致是京东商城的2.7~3.2倍，而京东商城又比排名在后面的当当、一号店、亚马逊中国等企业领先3倍以上的市场规模。该市场百分比在很长时间内不会有质的变化，尽管市场各个战略集团也纷纷使用手段努力拉动增幅，却只能在有限的空间内地上涨。

花费一节描绘“电商购物”，与笔者前文提到的“消费者级创新空间变窄”的结论并不矛盾，这里需要阐述的是，“电商购物”产业的核心价值所在便是环节缩减。中国在20世纪80年代未逐步开始改革开放，最初一批收获红利的品牌商家秉承的市场铁律是“渠道为王”——与大量的经销商/代理商合作，快速占据市场销售终端（可能是零售门店、货架或者柜台）。在这期间，中国一大批产销一体化或者纯贸易流通企业走向商业巅峰，但这种模式存在客观上的弊端，即“贸易流通利润”与“商品实际价值”之间存在差异。举例来说，一件商品的出厂价为30元，消费者从超市货架看到此商品、购买并且到超市收银台结账时，支付的也许是79.9元，“出厂价”与“零售价”之间的差异为经销商利润、仓储成本、零售终端利润等，而“电商购物”产业的发展让厂商有直接对话终端消费者成为可能。以商业实例解析的话，厂商会发现，自营的B2C电商平台完全可以在原有出厂价30元基础上，以

42 元的价格销售给消费者，而消费者会很惊喜地发现，原来超市门店内 79.9 元的商品，在电商网站上购买仅需要 42 元。从此虚拟数据设定不难联想到，商户多出了 12 元商业利润，而消费者节约了 37.9 元。从经济学角度看待此现象，得到的结论只有一句话：环节利润在新的科技发展过程中压缩、同步，原环节利润获取者的角色价值正在逐步边缘化。中国整个电商购物产业的高速发展正源于这种“环节缩减”，当然，从行业研究者角度审视，这种“环节缩减”的高速并不能始终带来积极效应，海量的经销商、代理商、终端门店、商超正因此而面临着歇业、停业或者转型风险，我们无法因为保障部分产业不合理利润而降低科技发展速度，但我们仍然需要看到，这种科技升级的代价是产业结构性调整背后存在的危机。

电商购物产业的“环节缩减”改变了商品流通利益结构，可在超过 10 年的电商购物产业快速增长过程中，也已经让此产业的细分领域变得越来越窄。可是，人民消费水平的提升给一个特定细分电商购物产业留下了机会——海淘！驱动产业规模化成型应该归功于近年来的海外游业务蓬勃发展，随着人民币增值，国人出境游已经成为常态。2015 年，中国出境游人数为 1.2 亿人次，虽然仅占据整体中国旅游人群规模的 3% 左右（2015 年的旅游行业统计年报显示全年旅游人数为33亿人次左右)，却呈现出高消费力人群密集的现象，这部分人群经历过海外购物后，绝大多数均对海外商品品质以及性价比表示出浓厚的兴趣，这种“兴趣”不仅存在于海外旅行人群中，还影响着这群人周边的亲戚朋友，需求增量促成产业增量，海淘电商购物业务加速发展也在情理之中。

尽管如此，中国的海淘电商购物业务的套路却相对简单，从事海淘电商购物的运营商通常采取两种方式解决用户需求：第一种，买手制，这是传承自海外代购的最原始的业务结构，由海外代购买手在电商平台发布商品，用户下单，买手购买并且处理物流和报关等业务流程；第二种，囤货制，由海淘电商运营者直接从海外购买货物并建仓于海关，当用户在海淘电商网站下单后，后出仓入关进入物流配送环节。这两种基础业务逻辑各有利弊，不存在明显的高下之分。在买手制的海淘业务构架中，消费者面对的是海外买手个人，而海外买手无法对商品的售后、退换货、物流报关等业务实现完全监管，遭遇到假冒伪劣或者商品破损，维权成本高，维权难度大；在囤货制的海淘业务构架中，海淘电商运营者不可能囤积无限量的商品品类，为保障仓储率的周转与现金流的利用，通常只会让海淘爆品进入到商品序列，这意味着消费者在囤货制限制下的可选择范围较小，但囤货制却对商品品质和整体服务拥有更为安全稳定的保障。

2015 年，海淘电商领域出现了一匹黑马——“柿集”，该海淘电商团队启动了截然不同的海淘业务架构，利用爬虫技术，将海外数以千计的电商网站聚集在“柿集”平台上，并利用翻译软件外加内容运营机制，将原外文商品说明与参数转化成中国消费者可理解的文字内容。当用户在“柿集”下单购买海外商品后，与海外电商网站有接口打通的后台系统无限制地在海外电商网站下单，随后，“柿集”供应链团队便会处理从海外电商网站出货到报关，再到物流的全部服务流程。这种业务环节的缩减降低了买手制服务带来的品质风险，也降低了囤货制 SKU 有限的困难，帮助消费者达成的消费需求升级，包括：①所有价格或折扣同步，由于是爬虫技术获取商品信息，所以海外电商网站的任何价格折扣都在“柿集”APP 内同步呈现；②商品品质保障，运营团队对合作的海外电商网站有严格的审核筛选机制，从商品来源上大幅度降低品质风险；③交易闭环，在“柿集”业务架构中，海外电商网站出仓发货的瞬间，即为“柿集”供应链团队接管之时，随后的全程物流、进出关、配送均在“柿集”自供应链控制范围内，对商品价值交付的过程实现监管；④关税补贴，由于更为先进的运营架构降低成本，“柿集”团队在市场推广期补贴消费者关税，让市场培育期的消费者更多地“沉浸”在“全球同价”的氛围中，逐步习惯海淘商品常态化的生活。

从“柿集”这一案例发生的产业背景和原有产业的业务结构相比较来看，再对比“柿集”的业务结构，就会发现“环节”带来的商业流通效率的增长幅度是惊人的，“柿集”在环节优化上改变了“买手”环节，也改变了“囤货”环节，让系统科技帮助供应链更为稳固安全，也让消费者得到了更多优惠。

7.3 聚合——覆盖效率的提高

任何产业一旦进入高速发展期，就会存在“百舸争流”的迹象，而大量的散布式资源对重度垂直领域的运营者来说，存在着机会，至于这种机会如何把握，则在于“深度”与“重度”的层级。“聚合”是商业逻辑的必然，也是战略思维的基础之一，是在大量的资源中寻找商业机会，而运营者需要做的是让“深度”与“重度”变得与众不同，变得更被用户所接受。

中国互联网第一波获得人口红利的是门户资讯网站，这与互联网连接科技的发展轨迹相关。2000 年时，新浪、网易、搜狐纷纷上市，而最初的互联网用户接受这种科技的很大原因，便是在网上看资讯居然不需要付费（现在看来天经地义，但在 2000 年前后的背景来看，报纸和杂志都是需要付费购买的），于是在当时的互联网商业理论中，认为“免费”是互联网商业特质，还衍生出了诸如“羊毛出在狗身上让猪来买单”的言论。很多年后，回顾互联网的发展历程，我们必须承认“免费”在很长时间内帮助互联网走进了用户的生活，但“免费”永远称不上是互联网的原始驱动力。商业实践已经表明，用户愿意为虚拟商品或者虚拟网络背后的实体商品/服务买单，想象一下苹果的 App Store 每年从用户的钱包里掏走了多少购买费用？越来越高比例的用户愿意在网上支付一定费用观看版权电视，就连社交空间皮肤与头像都卖到满天飞的地步。结论是，“免费”是一个阶段的特质，伴随用户价值观的成熟，互联网完全可以承载更多的商业交易关系。

在超过 10 年以上的时间内，门户资讯网站都是中国互联网的主中流砥柱，然而，行业洞察者发现，门户资讯网站对用户来说过于“标准化”了。除了部分资讯的高度同质化外，用户还需要在门户网站上花大量时间才能筛选并浏览新闻，这对碎片化快节奏的互联网用户来说，是显而易见的痛点，这种痛点并非是信息缺失，而是信息过载与过杂。

首先发现此问题的是“今日头条”，其使用的基础技术就是聚合。

“今日头条”并不提供内容，而是利用爬取技术，聚合大量不同来源的新闻资讯，随后，根据用户在“今日头条”APP内的阅读习惯，为每一位用户打上标签，接着根据用户标签不断优化算法，给到最符合用户阅读兴趣的内容推荐。这一模式，从基础技术来说并不算复杂。在Google关闭RSS订阅阅读器Google Reader之前，Google Reader的“探索”功能便是根据用户在不同RSS订阅源以及针对每一个资讯内容的阅读时间，就兴趣标签进行了算法预测，且在“探索”功能内，能推荐给用户其感兴趣的内容，这一科技大致在2006年到2007年便已经实现了。从科技难度来说，“今日头条”绝对称不上是世间第一个吃螃蟹的勇者，但却很棒地用“聚合”技巧帮助达到了高密度覆盖。与此同时，相比较“今日头条”覆盖服务的用户规模，其运营团队具有轻量级的特点。

“今日头条”所满足的用户需求并非资讯阅读需求，正如上文提到的那样，用户真实面对的状态不是信息缺失，而是信息过载与过杂，“今日头条”的“轻度运营，聚合资源”运营策略，让用户能聚焦到更具有兴趣的信息，降低用户筛选信息的时间成本。可能会有一些读者提出质疑，如果“今日头条”按照用户兴趣标签无限制的进行算法优化推荐，用户会不会被局限在既有阅读内容内，无法接触外界的其他信息？反而会造成用户的信息壁垒与信息闭塞？这一问题的确存在过，在

“今日头条”上线发展后的一段时间里，此问题引起了运营团队的高度重视，伴随运营策略与产品策略的优化，而今的“今日头条”使用的是“内容推荐 + 算法推荐”双重机制，即为主要按照用户兴趣标签推荐资讯内容，也会给到用户必须关注的热点内容，两者结合，寻找到用户所需求信息组合的平衡点，进而实现用户的需求满足最大化。

当我们回顾“今日头条”的模式时，感受到“聚合”带来的运营效率提升，但“今日头条”还不是资讯聚合阅读产品的终点，在其问世之前，很长时间内互联网业界都认为资讯产品已经被门户做到没有空间可挖掘了，“今日头条”打破这一禁锢之后，反倒促成一批重新定义“资讯阅读”的产品争先恐后地面世。

具有代表性的产品，不得不提“一点资讯”，这款产品从运营角度审视，仍然是抓取与聚合阅读，但其比“今日头条”更进一步的强化了用户自定义阅读标签。直观解析，用户在“一点资讯”产品内，可以输入自己需要关注的标签，这个标签可以是“移动互联网”或者“微信营销”，也可以是“小户型装修”或者“长安公园优惠门票”，还可以是“天坛小学 2016 年入学须知”或者“梦园搪瓷厂年度特卖”。总之，只要用户确立自己想关注的资讯标签，“一点资讯”便会在标签频道内给出相应的资讯内容抓取与结果呈现。这种模式让用户更容易聚焦自已关注的内容，甚至于这种内容是不符合主流资讯标签的，但只要用户关注，这种标签就可以实现定制化。“一点资讯”的运营策略与产品策略更为强大地结合了“聚合”特质，并且将“搜索”与“聚合”融为一体，帮助用户节约更多时间，甚至能帮助一些企业公关部门了解业界焦点或者企业舆情动向。

“聚合”适合存在于规模化散布式的行业资源状态，利用“聚合”逻辑。提炼规则，并且将规则作用于运营所需要的领域以帮助商业变现。但“聚合”的运营思维同样具有使用局限性，通常来说，任何领域中消费者级需求的资源会呈现规模化散布的特点，而企业级的资源则通常具有上游收口特质，对于企业级资源运营模式来说，“聚合”仍然是提升覆盖效率的有效路径，只不过利用互联网“聚合”资源之后，应用级呈现未必会是一个 APP 或者一个网站，而很可能是一个交互体验很一般的工具平台，具有上下游与外延接口，能就信息流或者业务流进行数据分析与应用，但工具性更强、多媒体程度化更弱。

7.4 工具——执行效率的提高

在重度垂直领域的运营对于效率的提升呈现为优先重要级，而“工具”的使用将帮助执行效率提升包括而不局限于

①加快运营执行的反应速度；②优化运营执行的效果精度；③保障运营执行的记录完整；④降低运营执行的管理成本；⑤提炼优化运营的规则。

工具，意味着什么？在互联网产业内的运营人群看来，“工具”并非服务用户，而是服务运营者的信息化系统，没有工具的支持，几乎所有的运营都只能浮于表面。“工具”不仅能让运营者高效工作，还能对运营策略进行动态调整。“工具”对重度垂直领域的创新项目而言，用户所见所触摸的各种信息或者功能呈现均与“工具”传达运营者的意思表达相关；而对运营者来说，“工具”意味着用户数据的动态呈现，意味着分析效果的自动达成。对互联网领域的运营者来说，无论将互联网科技应用于哪些重度垂直价值挖掘项目中，“工具”都是必不可少的贴身伙伴。

从消费者角度看待“运营工具”可能没有感觉，这是因为“工具”通常存在于后台，非用户可见，笔者用一个亲身经历过的例子来描述一个垂直领域项目的信息化工具将产生的影响。2014 年岁末，笔者携家人在北京旅行，考虑到家人在北京的出行问题，笔者租赁汽车一辆，便于家人在北京不同景点之间自由浏览，其中有一天，笔者安排的行程是开车到北京小汤山温泉度假区域，通过 OTA 网站订了一个“私汤”度假套房，即为一楼院子内有可容纳五六人大小的内部私密温泉池子，能在庭院封闭环境内享受温泉。中国的旅行产业，互联网上游客流量大多被 OTA 网站所占据，而中国具有较大上游流量分发能力的 OTA 网站无外乎 6 家，分别为携程、艺龙、去哪儿、阿里去啊、途牛、同程。在这 6 大 OTA 网站中，携程和艺龙为老牌 OTA 网站，在商务行程资源的控制力较强；去哪儿是中生代 OTA 网站，以搜索聚合旅行资源为核心竞争力；阿里去啊相对较年轻，但背靠阿里体系；途牛是 OTA 网站中对旅行线路优化得比较具有特色的代表；而同程则强势切入景区门票业务。笔者在 2014 年年底，通过其中一家购买了小汤山温泉度假区一家度假村的私汤客房，接着便兴致勃勃地驱车前往，结果却是一次极度不愉快的体验之旅。

当笔者办理入住手续时，酒店前台告知无订房信息，于是笔者电话给 OTA 网站的客服热线，希望进一步落实订单进度，并了解为何在订房成功且已经付费的情况下，办理入住手续时却是无订房信息的情况。当笔者拨打客服电话后，OTA 网站的客服人员告知会在 2 小时内由专人与笔者联系。对于这一处理方法，笔者当时感到很不愉快，在之后漫长的等待时间里，笔者了解到：OTA 网站与酒店有批量订房的协议，但是酒店本身也有独立的客房售卖业务，而酒店将客房售罄后，OTA 网站在完全不知情的情况下，还在继续售卖客房，于是造成了笔者全家无法入住的窘境。

问题最终得到了解决，但却是通过另外一种途径。笔者只是想从通过这个案例来解释“工具”的重要性。OTA 网站是互联网在线旅游网站的代名词，解决的是用户在线预订旅游产品的需求，在如此的角色设定下，OTA 网站除了给到用户一个交互良好，信息全面的网站或者 APP 之外，更需要“工具”帮助对接资源。上述不愉快经历，使笔者看到两个明显的核心信息：①这家 OTA 网站对供应链控制的信息化工具程度较低，在正常情况下，酒店前台的客房管理软件应该与 OTA 网站的后台存在着接口互通，也就是说，一旦客房从酒店直销或者 OTA 网站被售卖了，另一方的软件界面将明显呈现出数据变化——剩余空房数量会减少；②这家 OTA 内部工作的工具化程度较低（当时笔者拨入，核实笔者身份后，接电话的人员无法解决问题），需要与相关业务部门再沟通，然后相关业务部门才可以用电话与酒店前台沟通，而非共享一个信息后台，能让所有内外部业务环节部门均可共享用户投诉信息。

就笔者个人经历而言，这类现象绝不止一次，另有一次利用该 OTA 网站预订的景点门票同样也出现了景点入口处无法进入的情况，客服转业务部门，多次核实信息，随后再给景区办公室打电话，再到景区入口处，前后接近两个小时协调才解决了问题。

诸如此类的不愉快经历，笔者的阐述并不仅仅是代表个人的不满，还是设身处地从用户角度出发，来分析诸多不愉快的因素多发于企业运营管理工具化的不健全，这一方面是想提醒重度垂直商业创新的运营者千万别忽视用户界面之外的信息化工具建设；另一方面也想帮助行业观察者进行更深层次的思考，互联网发力于重度垂直领域的价值重构，真正传递价值交付的是产品与服务，而不是用户操作界面。

优质的运营工具会降低运营团队的人力成本，动态化调整运营策略，提升运营反应速度，提升用户满意度；而失败的运营工具，会使企业变得机构臃肿，人力成本居高不下，服务效率很难提高。而如何提升执行效率？设计运营工具的思路并非“是”或者“否”这么简单，而是需要具体针对业务特征与运营结构，进行定制化的信息工具开发，并且定期根据运营诉求做相应升级。

运营工具属于内练的一口气，行走在互联网这个江湖中，没有人会因为你穿得像一名剑客而认为你是剑客，认知完全出于战绩，而没有浑厚内功，仅仅依赖华丽战甲，被打败只是早晚的事。

第 8 章

掘金重度垂直领域（上）

8.1 重度垂直+房产

房地产业在互联网领域的重度垂直挖掘实践，一直在较为原始的阶段，这并非因为该行业的价值深度不够，而是因为该行业有着低交易频次、高客单利润、用户复杂角色等特征，互联网化的程度并不高。迄今为止互联网与房产领域的价值连接，更多仍然停留在信息展示与信息沟通的阶段，这也是一种必然，因为房产商业一旦启动就是至少百万元级的交易，很难指望仅靠网上的信息与对接就可实现闭环交易与价值交付。

但是，这并不代表互联网与房产领域的重度垂直价值挖掘实践不可行。

从价值链条解析领域，房产行业可以划分为“房产交易”“二手房交易”“房屋装修”“房屋租赁”“房屋装饰”“商业不动产管理”“房产投资”等不同细分维度的业务。而今，在“房产交易”与“二手房交易”层面，互联网科技已经可以实现信息发布与对接（含新品商品房租售信息与二手房转让信息），而在“房屋装修”，“房屋租赁”“房屋装饰”“商业不动产管理”等领域，也有大量的商业价值空间存在。

房屋装修

除了职业的装修领域工作者，绝大多数的用户难得装修几次房，因而，对于装修过程控制、装修原材料选择、装修效果保障等多数用户都处在较为弱势的地位。已经有一些互联网科技的创新者在装修资讯门户之外，开始利用“场景科技”，即将平面图导入互联网应用后，能自助式选择从壁纸到地板、从灯具到面板、从涂料到门窗的各种款式，并且动态呈现在装修视觉立体效果图内；用户则能在应用 APP 内查看不同方案组合的效果同时，还能直接查询相关面积所选择原材料的价格，直接从厂商外购买。这类创新解决的是原材料经销商采购环节利润虚高、原材料品质无法保障，以及装修方案被动等痛点。

与此同时，一些互联网装修的创新项目开始尝试装修工地内无线摄像头，业主可以 24 小时了解装修进度与过程的做法。这种做法对业主而言，显然能获得更多的安全感，也对施工装修人员的标准化作业提出了更高的要求。

房屋租赁

相比较最低频次的房产交易，房屋租赁可以将低频接近中频的维度，即便如此，而今的“房屋租赁”互联网化程度也仍然远远不能满足需求。房屋租赁的商业创新方向，在于“去中介化”，而今已经有一些互联网商业应用尝试鼓励房东直接发布房源，但该创新的难度在于此类商业应用服务商必须能有资质保障房屋租赁合约签署的合法性，以及后续如果产生纠纷的维权调停。

房屋装饰

装修行为通常是伴随每一次新房（或者二手房）购买而衍生的低频行为，但装饰却是常态化的需求，从窗帘到挂画，从桌布到花架，均有体系化的美观诉求，开展这部分业务的家居电商正在逐步摸索前行，尚未进入行业成熟期。

商业不动产管理

最常见的商业不动产是商铺，而商铺的经营租户与商铺的管理物业之间的互联网化程度至今很低，通常会通过电话与上门方式完成维修或者租赁物业费收取，这个领域的信息化工程建设还未见成体系、成规模的先例，但却是一种刚需。另外，此类信息化工程建设的底层架构还可广泛应用于酒店式公寓，若能打通公共事业费付费通道，则可应用于普通民众连接物业服务以及公共事业单位的服务体验。

房产投资

房产投资通常周期长、变现慢，但是由于房价的持续上扬，房产投资因风险小、收益大的特质而被诸多投资者所喜好。针对房产投资的商业服务应用并不多，主要是因为投资房产之间缺少信息关联，而未来针对若干套房产组合产权的众筹式投资会成为诸如组合基金类投资的一个方向，在此维度上，综合分析组合投资指数的商业化应用必然会具有市场价值。

房产领域关系到国计民生，又涉及较大的交易金额，与互联网之间的连接相当原始，这留给创新者以机会的同时，也给创新者看到此领域行政管理的必然趋势，以合适的时机进入合适的方向，才有可能获取到重度垂直的价值回报。

8.2 重度垂直 + 教育

教育相对特殊，在中国的教育层级，可以按照教育人群与教育目标的差异划分为“学龄前”“K12”（小学 + 初中 + 高中）“高校”“职场成人”四大阶段。而在这四大阶段中，“学龄前教育”偏重于功能性教育（颜色辨识、物件认知、生活常识了解等），“K12”教育更多偏向于知识传授，“高校教育”兼容资质考试与素质教育，“职场成人教育”则偏重资质考试、技能提升和素质教育。

在互联网与教育的重度垂直领域，早在 2014 年，就开始全面进行市场。那一年，应用商店上线的教育类 APP 超过 8 万款（现在超过 70% 已经下线停运），高度同质化竞争成为市场主流体现。

教育行业的重度垂直价值挖掘在于界定核心人群的平衡点，学龄前与 K12 人群通常学习自主性较差，高度信息化教育行业尽管能从学习时间与学习空间上给予更多的操作空间，却很难逆转低龄人群不够自觉的学习习惯，因而在学习效果考核层面与知识真实掌握程度的比较上，存在较多难以解决的困难点。高校人群教育与职场成人教育受训者的自主学习动力强，却因为学习目标常以线下考试为成败标准，所以创新角度极难突破资质许可的门槛。

截止到2016年，中国教育互联网化的核心特征有以下几点：①针对学龄前人群的教育多停留在功能性APP阶段，应用数量庞大，缺乏核心区别，变现难度大；②针对K12人群多停留在远程课程与答疑阶段，衔接课外辅导老师与学生的信息交流；③针对高校人群多为公开课或者资质考证在线课程；④针对职场成人教育多为远程授课、线下考试，而素质类课程（钢琴课、插花课、舞蹈课等）仍然以线上报名、线下授课为主流。

教育领域行业特征决定了所有的教育都会被划分为“强制性教育”与“主动性教育”两大类，前者代表的是体制内升学教育，也是有着严格晋级标准与壁垒的领域；而后者代表的是自主进修，相对学习自主性强且选择余地更为宽泛，也更容易互联网化。

重度垂直模式在教育领域的全面实施有待于教育体制的进一步升级优化，可能很多从业者会发现，越来越多的学校开始尝试多媒体教程，且学校习惯于利用微信群与同学或家长建立联系、发布通知、实现沟通。在此强化沟通与信息传递的领域，存在着规模庞大、应用广泛的价值矿藏可以挖掘，而教育领域行政机制的规则进一步放开，可能是此矿藏得到商业化体现的重要驱动力。

8.3 重度垂直+医疗

马云说未来唯一可能颠覆阿里巴巴的只有医疗产业，这一断言被互联网医疗的创新者们奉为金科玉律。其实这一断言并非有什么特殊含金量，因为中国人口结构特征决定了在未来的三四十年内，中国将会进入老龄化社会，而老龄化社会催生出的产业增量自然而然会呈现在养老、保健、康复、医疗等领域。不同于20年前的老人，再过10~15年后，中国的老人们将是互联网一代老龄化的特殊人群，他们同样可以娴熟地驾驭互联网，同样习惯于用科技解决生活中的各种问题。

由于医疗资源失衡，中国始终存在着“看病难”的问题，针对这一难点，解决的方式无非是四线并进：

其一，优秀医疗资源的信息化。中国的医院本身的商业化程度较低，且医院也无法完全照顾到患者体验。由于老龄化的到来，少数优秀医院将承载更为沉重的就医压力，医院的信息化工程迫在眉睫，以帮助就诊者减少排队，提升医院内诊疗资源的科学分配。医院就诊场景内的信息化工程本身就是千亿级，乃至万亿级的商业利益机会，只是机制使然，何时能促成医院信息化的使用意愿；或者行政规则的变化，会是促成商业利益成长的转折点。

其二，更多医疗人才的培养。中国的医疗人才远远低于实际诊疗需求，而医疗产业事关民生大计，且与健康安全密切相关，因而绝对不可能降低标准向社会输送不合格的医疗人才。互联网作用于医疗人才培养，将有机会提升培养效率，加速医疗人才的培训周期，建立基于大数据的医疗信息库帮助医疗人才捕捉到规律性的特质。

其三，更多社区医疗机构的建设。在中国将逐渐开设更多的社区诊疗机构，为促成患者就近就医，社区诊疗机构不仅会配置全科医生，还会有强大的数据库支持，以帮助诊断场景数据化、医疗过程数据化、康复过程数据化，以大数据模式提升社区医疗机构的服务能力，达成造福社会的目标。而“医疗大数据”在此环节内将起到定海神针的作用。

其四，传感器与便携式医疗设备。常态化的诊疗在足够发达的远程沟通服务下，并不需要患者出门就诊，这种医疗愿景的表述本身就代表着海量智能医疗硬件的刚性需求，用户在家验血、测血压、测体温、测心跳……越来越多的常态化诊疗信息将通过智能设备得以记录与传递，这会大大提升在家诊疗的可行性。而在这一科技进程中，智能医疗硬件存在着庞大的市场缺口，有待填补。

互联网与医疗相连接，不仅是重度垂直商业领域可预见的未来，更是保障人民就医的重大尝试。在此过程中，行政指导和产业政策扶持都会起到推动的作用。

8.4 重度垂直+交通运输

交通运输行业可以划分为“城际交通运输”与“市内交通运输”，前者负责跨城的交通运输任务，后者负责同城内的交通运输任务。“城际交通运输”又被划分为“航空交通运输”“铁路交通运输”“水路交通运输”和“公路交通运输”四大种类，每一种“城际交通运输”还需要根据运输职能的区别而被划分为“客运”与“货运”两个基础单位。类似的划分，在“市内交通运输”领域中则简单得多。对城市内而言，只存在公共交通运输（公交与地铁）以及非公共交通运输（私家车与出租车），同样，“市内交通运输”也可按照职能划分为“货运”与“客运”，货运主要由城市内货运公司承担。

在中国交通运输的实际运营状态中，涉及跨市的航运与铁运，主要由国有企业承载；公路运输或者水运则由具有牌照的企业承运（例如城际高速客运公司，或者运输轮船公司）；市内的公共交通基本由国有公司或者持有牌照的公司承运

（地铁公司、公交公司、私人牌照承包制公司）；而在非公共交通运输范畴内，出租车需要缴纳准入授权费才能上路运营。

在中国交通运输行业主要存在的问题包括：①运输产能与需求之间信息不对等，供需无法在高度透明的信息化环境中实现对接。②互联网化程度较低，在一些上游聚合程度较高的细分领域，比如铁路与航空，已经实现互联网票务机制；但在聚合程度较低的细分领域，比如公路货运、则基本依赖线下旅游集散中心售票。③客运的运输场景商业化程度近似于零，核心体现在乘客乘坐铁运、水运或者公路运输时，常常处在无法联网状态（高铁时速超过290公里时便无法稳定联网，而公路运输则可能涉及漫游流量，水运则经常属于基站盲区）。

针对上述的痛点，可以提炼出交通运输行业挖掘重度垂直价值的方向包括：

解决货运供需之间的信息不对等问题

正如上文的背景描述所呈现的那样，中国的货运环境两极分化，一些企业较难进行互联网突破，举例而言，一家企业希望使用两个铁路货运车皮将货物发往隔壁省份的另一座城市，几乎没有任何互联网路径可以采纳，最靠谱的方式就是直接联系铁路运输承运公司。如何利用互联网彻底解决货运供需信息不对等的问题，将是一项漫长且很难加速度的工作。

解决互联网票务问题

铁路客运与航空客运的售票已经逐步连接上了互联网，比如 12306 网站。而今，公路客运票务互联网分发的渠道还在起步阶段，这一方面与中国公路客运区域化管理导致的信息系统高度分化有关，另一方面也与公路客运承运公司本身的知识体系与变革意愿相关，致力于连接公路客运票务将帮助中国公路客运服务大大提升一个台阶，也将是极具社会价值与商业价值。

解决客运过程场景的需求

日常生活中，航空客运、铁路客运与公路客运的等待时间均会让乘客长时间感到枯燥无聊，在漫长的旅途中，场景的时间（几个小时）、场景的空间（车厢）、场景的触发（掏出手机）、场景的动机（希望消遣时间）、场景的动作（四处寻觅免费 Wi-Fi）应如何被利用来实现商业化？已经有一些企业在努力尝试了。2014 年，有一些互联网创新企业尝试在公路客运车辆内布局 Wi-Fi 局域网，让用户可以在几小时的公路路程中免费连接，下载应用、观看电影，或是打游戏，一方面让用户的场景需求得到满足，另一方面也成为相当独特的一个应用分发商店。类似模式在铁路客运领域也具有相当广泛的应用可能。

综上所述，货运供需信息对称、互联网票务分发、交通运输场景需求均为交通运输行业可重度挖掘的价值所在，但这一切并不容易，互联网人的想法早早就延伸到了每一个可能进入的领域，但凡是尚未有互联网资本杀入的领域，就多有各种壁垒存在，当然，这并不意味着机会的丧失，而是意味着依旧值得不断探索尝试，以寻找到一条可能切入的重度垂直商业路径。

8.5 重度垂直+二手车

一手车市场并不会永远享受市场红利，换句话说，中国有经济能力购车的人群尽管也在不断成长，但整体规模的增速放缓。形成鲜明对比的是车主（消费者）正在变得越来越理性，越来越多的消费者一旦开过第一辆属于自己的车之后，自然而然地会考虑二手车，一则经历几年的自驾过程，对车的认知态度更为客观，不会再轻易将车看作是广告中所说的所谓“温馨的家”“随身的家”之类，而更清晰地看到车就是一个代步工具；二则每隔两三年换一辆行驶了5000～2000公里的二手车，时常能享受换车的乐趣，而不需为车龄增长之后的维修成本担心，将汽买车购的态度从“购置资产”转化到“消费支出”，也是中国从发展中国家走向发达国家的道路上，必然会产生的消费观念变革。

在这样的内外因素综合作用下，二手车市场逐步升温。理论上来说，每年新增加的车主会优先考虑购买一辆全新的家用轿车，当新增车主达到拐点时，所有存量车主均为二手车市场的买车者或卖车者。该市场更为有趣的是，一旦一位车主卖掉一辆二手车，几乎有 99% 的可能性会再买一辆车，此市场特征不断驱动二手车市场走向蓬勃发展。说起二手车市场，欧美的二手车交易发展历程很容易成为中国二手车未来发展道路的参照物。在汽车产业发达的美国，一两千美元就能购买二手车，因而很多男生到了 18 岁拿到驾照，第一件事就是去二手车市场用打工的钱买辆二手车。在西方，第一辆车是二手车的现象是被普遍认可的事，而中国还需要更多时间培养与适应这种文化。

二手车的交易之所以在中国无法快速规模化，很大原因在于二手车需求方不懂得“汽车”这款产品（这一点与西方发达国家差异很大，由于西方国家人力成本较为昂贵，很多孩子从小跟着父亲学习修理汽车，因此从硬件识别到机动原理，都够得上半个机修工水平），中国的车主多数只会开车却不会鉴别车，购买二手车时自然而然会产生疑虑（担心是事故车来）；而对出售二手车的车主而言，痛点在于不愿意牺牲时间来看车，二手车有其一定的经济价值。一辆二手车对抛售者而言，最佳状态通过二手车商直接卖掉，随后由二手车商负责后续的出手交易等环节。

在上述的买主与卖主双重痛点之下，二手车交易市场急需的垂直行业创新模式进行重构，比如能对二手车进行精准估价，并且能以自身平台或者第三方保险公司的力量对二手车品质进行保障的服务者，类似的商业模式创新在二手车市场中正在逐步兴起与壮大，这样的消费习惯相信在不久的将来会在中国车主中普及。

相比较二手车交易，中国还有广泛的二手车租赁市场未被开辟，二手车可以形成一次性买断交易，自然也可以通过租赁来帮助二手车主赢得中长期的利益。而二手车的租赁者很大比例可能是专车司机，由于涉及运营资格以及租赁后上路客运的安全性保障，这部分业务的启动与未来发展很可能需要由专车运营公司牵头，才可能形成全新的细分产业价值。

8.6 重度垂直+维修

任何一个人都有商品维修的需求，最常见的维修需求通常出现在搬入新居后一年的居民家庭中，比如发生家里水龙头漏水，家里下水管不通，洗衣机排水不畅，也或是阳台墙砖跌落一片需要修补等情况。多数情况下，居民的类似维修需求会是经常性的，可能会是一个月一次或者两三个月一次。伴随居民入住时间变长，各种设备老化或者是超过了周期，故障率或者损毁率上升，让家居维修变成头痛的难点。

在很长时间内，中国居民解决维修问题的方式无外乎三种：第一种，如果是品牌厂商商品，如果过了保修期就参考维修价格，付费维修；第二种，如果是水电或者墙砖，经常是寻找维修工上门维修，但由于资质无法审核，所以经常无法保障修理后的稳定使用，且维权难度较大，涉及电路等安全项目，还可能会造成人身隐患；第三种，联系物业公司的工程部门上门解决问题，但中国的物业工程部门服务并不尽如人意，工种不全或者服务不够标准化均会在报修者的心里结下疙瘩。

让具有资质的合适工种根据居民的保修类型准时上门，按时保质地完成修理工作，标准化收费，并且对修理部分提供质保，这是互联网行业创新者努力打通维修行业的努力方向。这种专业资质人员提供维修的服务方案，会让居民感觉到愉悦与满意，也会让越来越多的“80 后”或者“90 后”家庭习惯于通过互联网购买服务，时间安排将更为自由（白天一直工作没有时间报修，晚上回家，打开 APP 输入地址与维修需求，接着等待系统回复，双方约定登门时间）。

维修行业的重度垂直价值挖掘，存在着一些问题亟待解决：

维修人员的资质：虽然利用互联网提供上门维修是一种相当不错的商业创新，但不可忽视的是，不可能有任何一家这样的创新公司雇佣着覆盖中国数十个城市上千名维修专业人员，因而，互联网在创新中扮演的角色是衔接维修服务需求者与维修服务提供者；而矛盾点在于，互联网的衔接角色无法确保真实的资质。

维修服务的标准化：由于中国大量“80后”与“90后”维修工不具备成熟的维修能力，而年纪较大的维修服务提供者对于标准化服务的遵循力度又存在偏差，这将在很大程度上降低新兴产业建立的美誉降低与口碑度。

维修后的质保：由于维修服务通常发生在维修服务者与维修需求者之间，对维修后的质量缺少第三方认证，一旦出现质量问题，究竟是出自原商品的问题，还是维修服务提供者的工作职责问题？很难给出定论，也是迫切需要正视解决的隐患。

针对维修行业的痛点，能切入解决的问题的方式包括：

1）统一资质的培训与上岗。正如我们所知晓的那样，任何一家互联网创新企业不可能雇佣着上千名维修人员遍布各大城市，这就需要相关部门为维修人员的资质提供统一的培训、考核以及岗位推荐。这种模式一方面会帮助维修人员获取到更优秀的工作技能，还能产学结合，在一定程度上解决失业人员的工作岗位问题，减少就业的压力。

2）维修服务的标准化。加盟某一个互联网 + 维修的机构，工作人员应该接受培训，如自报家门，上门自带鞋套，入室不抽烟，维修期间注意保护家居用品，离开时主动留下维修记录卡并写下工号。若有可能还应在维修诊断时拍照，通过工具 APP 在工作平台上备案；维修完成后再从各个角度拍照，通过工具 APP 在本工作平台备案，再邀约维修服务申请的家属进行网上点评。这些标准化的工序看似不起眼，却能规范维修市场，为行业持续健康发展提供标准。

3）维修后的质保。当维修流程标准化（含诊断后拍照，维修后验收拍照等）时，已经一定程度降低了质保风险，即便如此，客服热线在 72 小时内回访，以及如果出现质保问题导致事故时的第三方鉴定机构引入，第三方保险公司摊薄风险等工作，仍然需要在行业重度垂直创新过程中进行缜密思考。

家居维修是每一家每一户都会存在的需求，需求量庞大，市场空间巨大，互联网程度低，切入此领域的创新者需要正视客单价低、服务标准化成本高等特点，用心雕琢流程，以寻求利益回报。

8.7 重度垂直+车后市场

车后市场包括洗车、装饰、维修、改装、保养、保险等服务，也包括车辆周边的产品售卖，譬如导航仪、指南针、方向盘套、杯架、椅套等。

中国的车后市场互联网化程度不高，汽车买卖之后的车主行为可以被定义为中、高、低频，低频需求可能是车险（一年一次），中频需求可能是维修保养（5000公里一次或者10000公里一次），高频需求毫无疑问是洗车（每周一次或每两周一次，也有一些车主比较极端，一年洗一次车，但此乃小范围人群，暂且不论）。因而，针对车后市场的重度垂直价值挖掘不约而同地切入上门洗车或者上门保养业务，且计划用洗车服务或保养服务捆绑车主的使用习惯，随后再在长期服务过程中逐步实现更多的价值。

商业实战中，这种模式的尝试罕见成功案例，上门洗车客单价低，上门保养技师成本高（能上门服务的技师的人力成本高于寻常汽修店技师），而强调“互联网思维”的互联网车后市场行业，还需要以门店三分之二的价格提供服务。因而，互联网车后市场但凡是切入洗车与保养业务的创新者，很难在营收阶段突围，其中一些由于资金链断裂已经退出市场。

迄今为止，未见针对车后市场互联网化的有效解决方案或者解决思路，可能对于规模宏大的车主人群来说，希望消费服务升级还要降低消费服务价格，是一种悖论，也有可能以连接上门车后市场服务与车主之间的商业模式尚需要论证，必须引入另一利益方才能为成本溢价与收费降价之间的差距买单，并且从车后环节谋求到该利益方所需求的东西，才可能实现车后市场重度垂直的产业前景。

第 9 章

掘金重度垂直领域（下）

9.1 重度垂直+电商金融

中国金融产业互联网的道路一直没有走的不顺利，P2P 模式只是金融产业在谋求将互联网作为一个销售渠道，而并未真正实现产品互联网化的商业本源目标。曾经有一位金融领域的朋友与笔者探讨互联网金融，笔者的回答是：互联网金融的下一个突破点，除了金融电商化之外，必须走入电商金融化，以电商带动消费者金融甚至于供应链金融，因为金融的核心价值在于流通，唯有流通才能带动金融背后的商业增值。

电商金融产业的升级，主要存在着一些障碍：

传统金融产品互联网化的理念误区

不得不承认，“互联网金融”是一个看上去格外华丽的概念，当无数传统金融公司打出“互联网 + 金融”的旗帜时，本质上只是尝试用互联网电商方式售卖传统金融产品，只是在原有金融销售顾问与原有电话客服销售顾问之上的通路升级，这是构成金融互联网化前行的核心障碍。

金融产品互联网化的正确方向

金融产品，可能是保障，可能是投资回报，可能是风险承担，可能是资金调度，但其根本在于“精算”背后的风险控制，如何认知互联网科技，帮助风险控制进入到大数据与云计算时代？这种学习与思考，将帮助金融企业回到“产品传递商业价值”的正确商业道路上，要用产品的核心竞争力征服市场，而不是仅仅开设一些金融电商网站以高回报率吸引投资者。

金融电商化与电商金融化

在互联网时代，不管是企业对个人的售卖关系，还是企业对企业的交易关系，均大幅度转移到网上进行，这意味着从消费者金融到供应链金融，均有着值得探索的空间。从此战略背景审视格局，会发现利用互联网卖投资产品的套路如此落伍，实现“金融电商化”与“电商金融化”的无缝衔接将促成此领域的战略集团分层，会有机会诞生巨头级的互联网金融企业（而非传统企业互联网金融巨头）。

金融产业是一个具有高知识附加值的领域，笔者坚持认为，即便是最擅长金融玩法的互联网人才，都不可能比金融领域专业人才更熟悉金融；而金融领域专业人才是否能学习互联网？从而利用互联网科技在产品、商业理念和商业通路上发力？这会成为互联网金融产业走向成熟的核心步骤。

9.2 重度垂直 +家政

家政服务业是一个很宽泛的领域，可以细分为两个基础组成构件：第一部分，传统意义的上门家政服务，包括保洁、做饭、照顾老人、月嫂、照顾孩子等；第二部分，非传统上门服务，提供上门服务的服务类型，包括上门厨师做饭、上门按摩理疗、上门美甲、上门足疗等。行业观察者会在瞬间发现，无论第一部分还是第二部分，都存在着以下特征：其一，服务提供者多未经历过高等教育，并不具备深度互联网用户的特征；其二，上门提供的服务需要较为专业的技能培训；其三，上门家政服务的类型多为标准化程度较低的行业（厨师的手艺好环与否，更在于服务需求者的喜好；而照顾老人与照顾孩子的标准更是因人而异，无统一标准）；其四，家政服务领域极其分散，并不存在某一家或者数家上游聚合企业能归拢一定比例的行业资源（就算是最大的家政服务介绍所，其占有的市场份额都不会超过1%，就算最大的按摩理疗机构，都不会拥有超过全国1%份额的按摩理疗师）。

家政服务行业的重度垂直价值挖掘处于萌芽状态，妨碍家政服务行业进一步进入到互联网科技领域的难点在于：

其一，行业特征：家政服务行业很难维系用户服务周期。举例来说，如果是某一位用户为获取某一份家政服务而使用了某一个APP，摆在其面前的只会有两种可能性：第一，通过APP获取到其所望的服务，并且对服务者相当满意，这种情况下，服务需求者与服务提供者之间已经存在直接联系，后续可能对接的更多服务需求两者之间通过直接沟通完成，意味着服务需求者不会有持续使用某一个APP的动力。第二，通过APP获取到了所希望的服务，却对服务者并不满意，于是服务需求者又利用APP订购了第二次与第三次服务，仍然不满意。此时此刻，如果这位服务需求者还没有删除此APP，那简直就是奇迹。换句话说，用户在对服务持续不满意时，是不会滞留的。这一行业特点意味着，扮演家政服务提供者与需求者之间的交易关系搭建角色，很难保障供需对接的可持续闭环。

其二，服务资源流动性。家政服务业的从业者多为劳动技能拥有者，而非知识服务者，因而，服务提供者流动性较强，这不仅意味着培训过的服务者很难滞留在体系内，也意味着人员流动背后的一些潜在风险。

其三，当用户需求刚性差异。当用户需求一项服务时只有三种驱动因素：①自己不会做，比如自己不可能给自己理发，也不太可能互相理发；②自己做不到很专业，比如自己再如何擅长厨艺，也达不到专业餐饮厨师的技术水平；③自己懒得做，比如打扫卫生对很多年轻人来说是个大麻烦，宁可付费找人上门来解决问题。对于三种不同的驱动因素来说，潜在触发的需求刚性存在区别，像第③类驱动因素，其实服务需求者在一定情况下完全可以自己做，而第①类驱动动机通常只能寻找专业服务人员来帮助解决问题。不同的驱动因素对家政服务行业互联网化的驱动力也会存在差异，而这种差异在行业摸索期内，会需要时间和成本来试错，才能找对正确的脉搏。

想要从重度垂直角度挖掘家政服务行业的红利（家政服务行业，是百分之百的增量红利行业，一是人们的消费观念有所转变，付费购买家政服务的意愿正在常态化；二则伴随老龄化时代的到来，家政服务的需求量会逐步递增，且会在未来35~40年内持续增长）。这需要至少四个方面的支持：第一，行政管理部门的扶持，在未来一些年内，保障服务行业人员单位工作收入标准的稳步上升，且从家政服务行业扶持就业角度出发，给出更多的培训与资质认证的机会；第二，互联网行业与家政服务行业的进一步融合，针对家政服务行业特征设计产品（而今既存的一些所谓互联网+家政产品只是供需的衔接而已，几乎能通用匹配到家政服务的每一个细分上，而这显然是不正常的；实际上，每一个家政服务细分领域都有差异化区别，需要加强行业特征化的产品的研究与发展）；第三，针对服务需求者与服务提供者之间的双向征信业务开展能实现行业更多的互通互信；第四，产品收费模式的变化——月费或者年费的综合服务包，可能比而今分门别类按次收费更为合理，且更能获取到用户在周期性服务之内的忠诚度。

9.3 重度垂直+旅行

中国的互联网旅游行业，而今处在一个“中央集团+诸侯争霸”的混合期，“中央集团”体现在六大OTA网站占据机票、酒店、旅行线路与景区门票等主要业务流量，“诸侯争霸”体现在目的地旅游电商、互联网旅行工具、旅行社交等细分领域，均处在对峙期。有趣的是，笔者可以肯定中国很多行业已经处在过度竞争期，形成对比的是，在互联网旅行领域，具有相当规模的细分方式反而可以不断深耕，这也算是互联网科技与旅行领域组合的一个较为罕见的特例。

截止到2015年岁末出具的中国旅游行业统计年报，中国年度的旅游经济规模大致在 3.03 万亿（做一个较为具象化的对比，中国 GDP 每 20 块钱中间就有 1 块钱是旅行贡献）。在此结构性数据面前，进一步可以延展的是旅行人次，2014 年，中国全年的旅游出行人次为 33 亿人次左右，其中海外旅行人次为 1.2 亿人次，而更值得注意的是中国旅游经济背后，互联网化程度除了消费前场景（即为机票、酒店、线路，门票预订场景与 UGC 业务路书攻略场景）之外，剩余大量的细分场景可以挖掘。

具象化分析一些重度垂直 + 旅行可能产生商业机会的场景，这些场景基本包括上文论述的“目的地旅游电商、互联网旅行工具、旅行社交等”。

目的地旅游电商

旅游属于一种虚拟经济消费，包括的是行程安排（机票、火车票、签证等）、旅游接待（食宿）、本地旅行服务（当地用车、导游、门票、解说、纪念品导购等），而在这一系列虚拟经济消费过程中，OTA 与 UGC 迄今仅仅可满足的是表层部分，OTA 网站解决的则主要是可标准化的行程票务，UGC 解决的是用户建议路线与建议经典以及食宿推荐评价。那真实的旅客需求呢？请不要忽视，伴随人民可支配收入的提升，真实的旅客需求是可以深度挖掘到更为细致的方向，比如目的地旅游电商。中国的目的地旅游电商，也可以是被看作是旅游目的地与旅游目的相结合的综合服务电商，举例来说，旅游目的地是潜水胜地，而旅游目的是潜水训练，自然而然会衍生从航线到住宿，从教练到设备租赁等一系列需求。再举例来说，旅游目的地是游乐园，而旅游目的是亲子玩耍，自然而然就会衍生出主题酒店、FP（Fast Pass，快速通行证）、亲子纪念品等系列需求。进一步举例说，如果旅游目的地是温泉，而旅游目的地是温泉休闲，自然而然会衍生出温泉套票、特色温泉导游、汉方指压温泉疗法、温泉衍生产品（火山岩搓脚石或者温泉浴盐）购物等相关需求。这一系列可以在日常看到的现象，背后体现的是目的地旅游电商的黄金时代正在开启，尤其当中国民众消费升级时代，当中国人民可以前往任何一个旅游目的地的时代，更符合用户需求的目的地电商会是一个具有相当产业规模的细分探索方向。唯一需要探讨的是，在这一领域，尤其是以目的地作为细分维度的商业探索过程，同质化竞争不算秘密，但很少有创新者能走出“目的地电商”充分进入到“目的地群电商”中，该模式的操作难度由于资源聚合度的地缘性特征，有待更多充分竞争之后的结果才能判断。

互联网旅行工具

一位旅行者在旅行过程一共会需求多少种旅行工具？也

许很多读者思考这个问题后得到答案会各显单一，但笔者从全旅行痛点角度解析，会得到的答案是至少 5 种以上，尤其是海外旅行，所需求的互联网工具数量会在 9 种以上。这些工具会呈现什么样的具象化状态？对而今既存的互联网旅行工具来说，符合两种特征：其一，具备不可替代特质，比如很多人都在抱怨订票软件体验不佳，但多数消费者无法规避与此软件的连接；其二，具有随时触发特性，比如在海外旅行的过程中，会有语言翻译工具需求，尤其在非英语体系国家旅行，很多旅行者手机中的“旅行翻译官”会随时被打开查询词汇，帮助与当地服务人员沟通。

旅行工具类商业创新会根据旅行者的需求而同步呈现机会，而今的互联网旅行工具类创新初具规模，诸如语言翻译类、当地餐饮点评类、解说类、航程管理类、旅行清单类等均多有优秀模式创新问世，也依旧存在更多的规模值得探索。

旅游社交

旅行的消费需求升级，客观表现的是人们的旅行目的性与方式多元化。举例来说，20 世纪 80 年代的旅行经常是乘坐火车到某地，随后在不同景区浏览拍照；而进入新世纪之后，旅行者强调自主性、享受性与随意性，因而在旅行中会寻找志同道合的朋友，相应催生了“旅游社交”的商业创新模式。

迄今为止，多数切入“旅游社交”的产品的核心模式无非是两种：第一条路径是基于晒照片与 LBS 地理位置定位，寻找在同旅行地点的朋友；第二条路径是基于同一旅行目的地，同游同好地拼路线出行，此路径最常见的会是通过潜水类或者滑雪类项目在垂直社区切入。第一条路径达成的是旅行场景过程中的社交需求满足，第二条路径达成的是旅游场景过程前的社交需求满足。

然而，在“旅游社交”产品发展过程中依旧存在一些可能的隐患，较为直观的隐患是安全，陌生人社交之间如果发生的场景是在陌生城市或地区，如果出现对人身威胁的情况，就会对使用者产生权益侵犯，但此现象为“旅游社交”领域的不可规避特质，还需要更多时间来摸索解决。

其他

不可否认，即便“目的地旅游电商，互联网旅行工具，旅行社交”囊括了绝大多数的旅行细分领域，却依旧会有一些小众的旅行创新模式存在，这些模式无法简单归于任何类别，却有着存在的必然性。以“旅游目的地购物导航”为例，前文曾经提到海淘 APP“柿集”便在 2016 年 4 月底发布了新功能——通过“目的地购物导航”功能，帮助游客在海外城市找到合适的商品品牌，并且便捷购买。此功能看似只是地图导航的购物升级版，实则没那么简单。国人每年在海外购物大约会消费 8000 亿元左右，除了人尽皆知的奢侈品外，海外还有性价比卓越的其他品牌商品值得购买，而对中国出境旅行者来说，对这些品牌的了解程度远不如对奢侈品品牌的了解，“目的地购物导航”很敏锐地切入此需求点，很有可能开辟出一块全新的商业领地。

旅游经济是不折不扣的消费类经济，在国民生活水平稳固提升的前提下，旅游经济规模化与多元化留下无数可切入的细分机会，把握这一系列机会的原则在于从用户舒适性与供需信息对称的角度入手，对互联网科技进行优化与改善，便有可能拓展出商业空间。

9.4 重度垂直 + 餐饮

“民以食为天”这句中国古语流传了很多年，而能成为广为流传多年的谚语，必然有其背后的道理。伴随着时代进步和物质生活的丰富，“民”对“食”的需求也在不断变化，人们已经不满足于一日三餐只为吃饱，而是寻求“吃得健康，吃得随意，吃得舒心”，因而，笔者并不想从泛餐饮口碑平台解析餐饮业，而会提出一些可能的餐饮行业重度垂直机会。

吃得健康

健康与长寿是生命品质的基础保障。对中国的餐饮业创新来说，如何让用户吃得健康，已经形成一定规模商业浪潮。“绿色食品电商”具有极强的商业潜力。以一个案例进行阐述。众所周知，“钓鱼台国宾馆”不仅是一个产业概念上的宾馆，而且承载着国家级甚至于国际级的接待任务。因此，钓鱼台国宾馆所使用的食材物料，均为顶级材质，而在互联网时代，钓鱼台国宾馆也开始了商业模式创新。在2015年，在钓鱼台国宾馆的产业链中出现了一个商业体——“钓鱼台科技”，向社会提供国宴级的半成品食材和生鲜食材。不难想象，“钓鱼台科技”商业模式的启动切入点便是“吃的健康”，而其最大的战略筹码，是国宾馆供应链体系的食材品质。

“钓鱼台科技”并非食品健康领域的唯一创新者，但一叶知秋，连国宾接待级的餐饮巨头都开始切入健康餐饮，其间的商业利益规模便可想而知。

吃得随意

中国人民不仅在餐饮领域缔造了伟大的中餐文化，还在餐饮的形式上不断创新。当人们并不缺乏食物选择时，自然而然地便会在“餐饮时间”与“餐饮场景”上提出更高的要求。“百度外卖”“饿了么”“美团”解决的是用户在家或者在办公室可以直接订餐的需求，尽管在很多用户心目中，这一系列“外卖”APP 负责的是中午给办公室送餐，但实则不然，在这些外卖应用的后台报表中，周末向家送餐或者半夜送夜宵的比例远远比想象中要高得多。换句话说，人们愿意享受的是随时、随地、以任意方式获取到餐饮服务，而不局限于坐在一家餐馆内。

由于餐饮外卖服务并不属于标准化很难的业务，因而这个领域尽管需求规模大，却已经进入白热化竞争阶段，后入者机会寥寥。

吃得舒心

这是一个经济高速发展的时代，也使城市居民的生活节奏越来越快，何时买菜？买什么菜？这些问题开始困扰很多家庭。于是，套系化的生鲜送货上门服务就成为一种迫切需求。购买此类套系服务的用户并不需要考虑吃什么，而是根据购买的产品套系，每一周会有两次到三次的送食材上门。这些食材并不是绝对同一品类，而是会产生一些较为科学的搭配，比如周一送达的可能是两种蔬菜、一块牛肉和一包冰冻虾，周三可能就是两种蔬菜、一条鱼和半只冷鲜鸭。对快节奏的家庭来说，此类送上门的食材有效降低决策成本与决策时间（不用去菜市场或者超市买菜，也不用纠结吃什么）。此类服务已经在一线城市赢得了诸多的好评，但依旧有较大的市场空间可供挖掘。

“餐饮”是所有生活服务产业中比重最大的细分领域，从中寻找过重度垂直挖掘的切入点，其商业规模通常都不会让人失望。

9.5 重度垂直+文化娱乐

文化娱乐产业包括电影、戏剧、演唱会、KTV、艺术展览、文艺沙龙等，通过实体形式承载虚拟意识形态满足广大人民群众的文娱需求。显而易见，此类消费经济不仅低污染、绿色环保，而且有利于建立积极的意识形态，更容易提升起用户的生活幸福感指数。

2015 年，中国的电影票房频传佳讯，不断创造新高的数据呈现出产业破发的迹象。而在整个产业内，商业创新仍然停留在票务分发模式，而在衍生产业商业化过程中仍留存大量空间。举例来说，西方发达国家的电影票房仅仅是文化娱乐收入的基础组成部分，更多的经济收入源于衍生产品商业销售；但在中国，衍生产品的商业化规模与票房规模相比还相差甚远。

在文娱产业的重度垂直价值挖掘过程中，几个关键方向值得思考与尝试：

衍生品销售

2014 年，举办于上海“K11”的莫奈大师画展，不仅让整个“K11”被前来观展的群众挤爆，更值得瞩目的是，画展出口处商店限量版纪念品被彻底买空。此现象不仅存在于莫奈画展，也同样在其他大师画展上。这背后反映射出的经济趋势是，人们不再满足于享受虚拟经济，同样会有基于虚拟意识形态背后实体商品的需求。

植入式商业经济

曾几何时，电影、戏剧、画展、主要依赖的是门票收入，但伴随商业模式的不断推陈出新，内容植入已成为支撑文娱经济形态的重要支柱。从国产剧作《老炮儿》到全球巨作《变形金刚》，每一部优秀作品中都能找到内容植入的痕迹，而对观众来说，不仅通过观看内容过程中受到潜移默化的品牌影响，更以寻找此类植入品牌为乐。由此看来如何打造可规模化、标准化、特色化的内容植入商业经济模式，是撬开商业华丽大门的钥匙。

全息数字化体验

VR 技术的发展和 AI 技术的发展均让全息数字化体验变得越来越接近真相。试想一下，戴着一副 VR 眼镜和一副立体声耳机，坐在客厅中花费 50 元人民币，即可身临其境地近距离欣赏世界杯决赛的场景，周边每一个各种肤色的球迷观众都在喊叫加油，一切看上去都像坐在世界杯主赛场一般，毫无区别。即可全息数字化体验，是前沿的基础技术突破口，此技术的产业化过程将挖掘出针对内容提供者到内容制作者，再到内容分发者和硬件提供者等人群的诸多商业机会。

文娱产业是人民幸福感指数的重要支撑力量，而在此领域中的掘金，对中国的商业创新者来说只是刚刚开始，远远未过半程。